태국다이어리,
여유와 미소를 적다

태국다이어리, 여유와미소를적다

똠얌꿍에서 무아이타이까지 태국 역사와 문화의 이모저모 이야기

박경은·정환승 지음

한국과 태국이 공식적으로 수교한 것은 1958년 10월입니다. 그러나 두 나라간의 실질적인 교류는 잘 알려진 바와 같이 한국전쟁을 계기로 이루어졌습니다. 태국이 유엔군의 일원으로 한국전에 참전하여 혹독한 추위와 싸워가며 전장에서 혁혁한 공을 세워 "리틀타이거"라 할 정도로 맹위를 떨친 사실은 잘 알려져 있습니다. 이때부터 태국은 우리와 혈맹으로 맺어져 현재까지 변함없는 우호 관계를 이어 왔습니다. 그리고 전쟁 당시 태국인들의 눈에 매우 위험하고 가난하고 안쓰러운 나라로 비춰졌던 한국은 이제 닮고 싶은 나라, 가고 싶은 나라로 훌쩍 성장했습니다.

　한국과 태국 간의 관계는 정치와 군사적 협력 관계에서 시작하여, 한국이 눈부신 경제성장을 이룩하고 아시아의 용으로 급부상하면서 자연스레 경제 문화적 협력 관계로 발전하였습니다. 86년 아시안게임과 88년 서울올림픽게임, 그리고 2002 월드컵 대회를 개최하면서 드러난 한국의 발전상은 태국인에게 깊은 인상을 심어주기 충분했습니다. 이후 한국의 경제가 발전하면서 임금과 지대가 상승하자 많은 기업체들은 중국과 동남아 여러 나라로 눈을 돌렸습니다. 태국에 대한 투자가 늘어나고 태국으로 진출하는 기업이 많아지면서 태국에 대한 우리의 관심도 높아졌습니다. 태국을 찾는 한국인 관광객의 숫자는 연간 100만 명을 넘어섰습니다. 반대로 한국을 찾는 태국인들의 숫자 역시 해마다 증가하여 30만 명을 넘나들고 있습니다. 현재 한국에 거주하고 있는 태국인은 총 9만 명 이상으로(2016년 3월 기준) 이 중 한국인과의 혼인을 통한 결혼이민자는 3,000명 가량 됩니다. 이들의 자녀들 대부분은 한국에서 성장하여 장래에 한국과 태국의 가교 역할을 하는 귀중한 사회구성원으로서 역할을 하게 될 것입니다. 또한 한국의 사회와 문화, 선진 학문을 공부하고 있는 600명 가량의 재한 태국 유학생들 역시 향후 고국으로 돌아가 한국을 알리고 양국 교류에 이바지할 중요한 인재들입니다.

이렇듯 태국은 우리에게 있어 전통적인 우방이며 21세기 동반성장을 꿈꾸는 가까운 이웃나라이자 이제는 한솥밥을 먹는 주민의 숫자가 점차 증가하는 형제의 나라이기도 합니다. 하지만 태국을 방문하고 태국인과 관계를 맺으며 사는 한국인 중 상당수의 사람들이 태국인의 삶과 문화에 대해 지나치게 피상적으로 알고 있거나 혹은 편견을 가지고 오해하고 있는 현실은 안타까움을 금할 수 없습니다.

이러한 안타까움과 함께 태국지역 연구자이자 교수로서 이를 개선하고자 하는 진지한 고민에서 『태국 다이어리, 여유와 미소를 적다』가 세상에 나오게 되었습니다. 이 책의 공저자들은 태국어문화 전공자로, 태국 현지에서 오랜 기간 유학 생활을 하며 많은 태국인들과 깊은 우정을 나누고 많은 문화 체험을 한 바 있습니다. 저자들이 경험한 태국인의 삶의 방식과 문

랏차부리 주의 사원에서 공연한 태국 전통 그림자 연극 한 장면, 낭야이

화와 가치관을 한국인들에게 좀더 널리, 깊이 그리고 제대로 전달하고자 합니다. 한국인들이 태국인에 한발자국 더 가까이 다가가 바라볼 수 있기를 기대합니다. 그 다가섬으로 보이지 않던 것이 보이고, 흐릿하게 보이던 것이 선명히 보이게 되기를 바라 마지않습니다.

인도차이나 반도에 자리잡고 있는 태국이라는 나라, 그 땅에서 나고 자란 사람들의 삶. 그것이 더 이상 생소하거나 멀게 느껴지지 않는 시대에 우리는 살고 있습니다. 편견의 안경을 벗고 그들의 삶을 제대로 들여다보는 것은 우리 자신의 얼굴을 돌이켜보는 것만큼이나 중요하며, 진정한 이해는 장기적이고 진솔한 우정을 이끌어내는 첫걸음이 될 것입니다.

일일이 열거할 수는 없지만 이 책이 나오기까지 도움을 주신 많은 분들께 지면을 빌어 감사 드립니다. 특히 쉽지 않은 특수어 편집 작업과 녹록치 않은 시장 현실에도 흔쾌히 출판을 결정해 준 젊은 출판사 눌민에 깊이 감사 드립니다. 늘 믿고 응원해주는 가족에도 사랑과 감사를 표합니다. 부족한 원고에 꼼꼼한 검토와 제언을 해 준 이채문, 현양원 박사에게도 감사를 드립니다. 그리고 오늘의 저자들을 있게 해 준, 어느새 지천명의 세월을 지내고 다시 새로운 반세기를 준비하는 한국외국어대학교 태국어과의 은사님과 선후배 동문 여러분께 감사 드립니다. 무엇보다 좋은 사진을 기꺼이 제공해준 이지원 양에게 특별히 감사 드립니다. 이 책이 후학들에게 영감을 주는 작은 섬광 같은 책이 될 수 있기를 미력하나마 기대해 봅니다.

한국인으로 태어나 태국어와 태국문화를 이해하면서 한국인과 태국인으로 남들보다 두 배의 삶을 누릴 수 있게 되었습니다. 진정한 우정은 국경을 초월한다는 어쩌면 상투적인 진리를 일깨워준 태국의 여러 지인들께 깊이 감사 드립니다.

2016년 가을

저 자 박경은·정환승

일러두기

집필 작업을 시작하면서 저자들이 마주한 가장 큰 고민은 표기에 관한 것이었습니다. 현재 국립국어원에 따르면 태국을 일컫는 우리 말은 "타이"와 "태국"이 모두 표준어로 인정되어 있고, 실제로 "타이"와 "태국"이 혼용되고 있습니다. 본래 "타이"라는 말은 태국어 음차어로서 원어로는 "ไทย"로 표기합니다. "타이"는 타이족, 또는 그들의 나라를 일컫는 말로 '스스로에게 자유스러운' 또는 '노예 상태가 아닌'의 의미를 담고 있습니다. "타이"는 태국사람과 태국땅의 이름이자 태국인의 가치관을 가장 잘 대변하는 상징어이고 그 자체로 역사이기도 합니다. 이에 이를 원어 그대로 표기하는 것이 음역 한자어인 "태국(泰國)"이라는 말보다 더 의미 있으리라는 믿음에서 "타이"로 표기를 통일하고 초고를 썼습니다. 그러나 완성된 초고를 다시 읽으면서 독자들에게 더 친근하게 다가가기 위해 더 널리 알려진 이름인 "태국"으로 표기하기로 결정했습니다. 전공자로서는 이 부분에 적잖이 아쉬움이 남습니다.

책의 내용 중에 중요한 용어는 괄호 속에 태국어를 병기했습니다. 태국어나 태국 문화에 대해 어느 정도 지식을 가지고 있는 독자가 더 깊이 이해할 수 있도록 돕고자 했습니다. 그러나 태국어 병기가 지나치게 많아지면 일반 독자들에게 시각적 부담을 안겨줄 수 있어 일반적인 지명이나 인명, 통용되는 문화 관련 용어 등을 쓸 때에 최대한 자제하려고 노력했습니다.

태국어의 한국어 표기에 있어서는 국립국어원의 외래어 표기 방침을 기본으로 했으며 일부 단어는 현지 발음과 최대한 가깝게 표기하기 위하여 저자가 표기를 보완하기도 했습니다. 용어 표기에 사용된 문장 부호는 단어를 그대로 지칭하는 경우에 큰따옴표, 단어의 의미를 나타내는 경우에는 작은따옴표를 사용했습니다. 소리를 적은 일부 예시에선 대괄호([ ])를 사용하고, 책 이름에는 겹낫표(『 』)를, 신문, 영화, 티비 프로그램에는 쌍꺾쇠(《 》)를 사용해서 표시했습니다.

본문은 정환승과 박경은이 각자의 전공과 관심분야에 따라 나누어 썼습니다. 정환승의 글엔 소제목 아래에 연두색 파선을, 박경은의 글엔 보라색 점선을 넣어 표시했습니다. 한 지역의 언어와 문화를 오래 연구하고 이해하다 보면 단순한 머리보다는 가슴으로 받아들이는 경우가 많습니다. 저자들은 태국어, 태국사람, 태국문화에 대한 깊은 애정으로 태국을 연구하고 있습니다. 그러한 애정을 바탕으로 한 비판 의식도 생겼지만, 또 한편으로는 부지불식 간에 태국 중심적인 사고를 하게 된 부분이 있을지도 모릅니다. 그래서 책의 내용 중 주변국과의 역사나 문화에 대해서 기술하면서 태국적 시각으로 편중되어 있는 부분이 있을 수 있고, 반대로 태국에 대해 지나치게 비판적 시각으로 기술된 부분도 있을 수 있습니다. 모두가 저자의 학문적 미흡함에서 비롯된 점이라는 사실을 겸허하게 받아들입니다. 이점 독자 여러분께서 널리 헤아려 주시기 바랍니다.

차 례

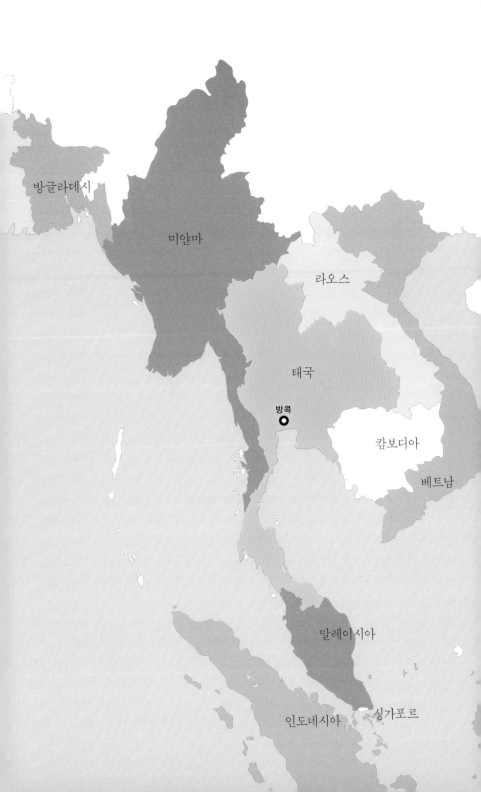

중국

타이완

필리핀

브루나이

말레이시아

인도네시아

I

태국인의 국민성과 가치관

1
휘어지지만 부러지지 않는 민족

정환승

대나무와 같이 유연한 민족

인도차이나반도의 중심부에 위치한 태국은 북동쪽으로는 라오스, 북서쪽으로는 미얀마, 남동쪽으로는 캄보디아 그리고 남쪽으로는 말레이시아와 국경을 접하고 있다. 지도 모양을 보면 혹자는 코끼리의 머리를 닮았다 하고 혹자는 도끼 모양을 하고 있다고 한다.

태국은 국토의 넓이가 51만 3천 제곱 킬로미터로 남북한을 합친 것의 두 배가 넘는다. 남북으로 길이가 1,620Km이고 동서로 넓이가 가장 넓은 곳은 780Km에 달한다. 태국어로 "타이"는 '자유롭다'는 의미를 지니고 있다. 태국인을 태국어로는 "콘타이" 또는 "차우타이"라고 하는데 '자유로운 사람'이라는 뜻이다. 실제로 태국인은 간섭 받기 싫어하고 다양성을 추구하는 민족이다. 오늘날 태국인들을 상징하는 해맑은 미소는 아마도 어떤 틀에 얽매이지 않은 자유로움과 유연함에서 기인한 바가 적지 않을 것이다.

자비로운 부처의 미소에 보이는 태국인의 여유와 관용의 정신

태국인의 삶 속에서 유연성을 목격하는 것은 어려운 일이 아니다. 이를 엿볼 수 있는 사소하지만 재미있는 예가 있다. 1980년대 후반에 버스 요금 인상 요구가 있었다. 당시 일반 버스는 요금이 2.5바트였고 우리 나라의 좌석 버스에 해당하는 에어컨 버스는 5바트였다. 정부에 서는 버스요금을 올려주게 되면 서민 가계에 부담을 주게 되고 현행대로 유지하게 되면 버스운송회사들이 만성적자를 해소하지 못해 고민하지 않을 수 없었다. 최종적으로 정부는 버스회사에게 요금 인상을 허락하면서 조건을 달았다. 새로 구입하는 신차는 빨간색으로 도색을 해서 3바트를 받고 기존의 낡은 차량은 도색을 청색 그대로 유지하면서 요금도 종전대로 2.5바트를 받도록 했다. 승객 입장에서 보면 새 차를 탈 경우 3바트를 내고 헌 차를 탈 경우 2.5바트를 내면 되는 것이다. 결과적으로 0.5바트를 더 내면서 새 차를 탈 수 있는 선택의 폭이 넓어지고 아울러 서비스 개선효과도 보았던 것이다.

얼마 후 1990년대 초반에 태국은 오토바이를 타는 사람들에게 안전헬멧 착용을 의무화하는 법안을 마련하였다. 태국에서 오토바이는 개인용 교통수단이기도 하지만 대중교통 수단이기도 하다. 더운 나라이다 보니 길게 나 있는 좁은 골목이나 차가 많이 밀리는 시간에 비교적 단거리를 이동할 때에 오토바이만큼 효율적인 교통수단은 없다. 그런데 오토바이의 안전헬멧 착용을 의무화하자 여기저기서 볼멘소리가 터져 나왔다. 개인용으로 사용하는 오토바이는 그렇다 치고 대중교통으로 사용하는 오토바이는 다른 사람이 쓰던 헬멧을 어떻게 쓰고 다니냐는 것이었다. 그러나 당시 말레이시아를 보면 이미 안전헬멧

오토바이는 가장 대중적인 이동수단 중 하나인데, 골목 안에서 탈 때엔 보통 헬멧을 쓰지 않는다

착용을 의무화하여 모든 국민들이 오토바이를 탈 경우 하나 같이 헬멧을 착용하고 있었다. 결국 태국 정부는 강경하게 정책을 시행하여 원성을 사거나 정책을 백지화하는 대신, 대로를 달리는 오토바이 사용자에게는 헬멧 착용을 의무화하고 좁은 골목을 이동하는 오토바이 사용자에게는 헬멧 착용을 자율에 맡기는 방법을 택했다.

대나무 외교로 지켜낸 국가 독립

태국의 "유연성"을 단적으로 보여주는 대표적인 예로 외교정책을 들 수 있다. 태국은 1, 2차 세계대전을 겪으면서 동남아시아 나라들 중 식민지로 전락하지 않은 유일한 국가이다. 이는 상당 부분 당시 인도와 동남아시아 지역 식민지 건설에 열을 올리던 영국와 프랑스가 완충지대로서 태국을 남겨두고자 한 전략적 합의의 결과이기도 하지만, 태국 정부의 그야말로 "살을 베는" 노력 역시 배제할 수 없다. 서구 열강의 식민지 사냥이 시작되자 태국은 영국과 프랑스에게 영토의 일부를 할양하였다. 영국에게는 말레이 반도의 싸이부리와 끌란딴, 뻐를리스, 뜨랭까누 등을 할양해주고 프랑스에게는 당시 태국의 속국이었던 캄보디아와 6개의 섬을 할양해주었다. 이른바 "팔다리는 잘려져 나가도 몸뚱아리만 보존하면 산다"는 원칙 아래 강제적 상황에서도 스스로 문제를 해결해 나가는 형식을 취하면서 독립을 유지해 나갔던 것이다. 이러한 "대나무 외교"는 휘어지지만 결코 부러지지는 않는 태국인들의 속성을 잘 보여주었다.

1차 세계대전을 겪으면서 태국은 대나무 외교로 오히려 더 나은 국제적 지위를 얻게 되었다. 영국과 프랑스의 알력 사이에서 줄다리기 외교를 펼치던 라마5세가 승하하고 라마6세가 등극했을 때 1차 세계대전이 발발하였다. 태국은 처음에는 중립국의 자세를 견지해나갔다. 당시 국왕은 영국에서 유학 한 바 있어 친 영국 성향을 가지고 있었던 것이 사실이나 태국 내에 친 독일 세력도 적지 않게 있었다. 그러나 중립적 위치에 있었던 태국은 1917년 봄에 미국이 참전 결정을 내리고 독일에 선전포고를 하면서 전세가 연합군 측에 유리하게 돌아가자 같은 해 7월에 돌연 독일에 선전포고를 하고 다음해인 1918년 4월에는 프랑스에 소규모 병력을 파견하였다. 그 결과 종전 후에 태국은 연합국의 일원으로 전승국 지위를 누리게 되었다.

철저하게 실리를 취하는 태국의 대나무 외교는 2차 세계대전 중에 한 번 더 진가를 발휘하게 된다. 2차 세계대전이 발발할 무렵 태국은 피분쏭크람 수상의 통치 하에 있었다. 피분쏭크람은 1939년 국호를 싸얌(สยาม)에서 쁘라텟타이(ประเทศไทย)로 바꾸고 영국과 프랑스에게 빼앗긴 영토를 회복하고 서구열강과 어깨를 나란히 하는 위대한 태국의 건설을 꾀하고 있었다. 처음에는 전쟁의 추이를 지켜보면서 태국정부는 영국과 프랑스 그리고 일본과 상호불가침 조약을 맺었다. 일본은 1941년 캄보디아를 점령하고 그해 말에 태국에게 버마와 말레이 반도로 진출하기 위한 통로를 열어 줄 것을 통보하였다. 당시 일본의 승리를 낙관하고 있던 피분쏭크람 정부는 빼앗긴 옛 영토를 찾아주겠다는 일본의 약속을 받고 일본의 요구를 받아들였다. 태국 정부는 더 나

아가 일본과 공수동맹을 맺고 1942년 1월 25일 미국과 영국에게 선전
포고를 하기에 이른다. 한편, 태국 정부의 움직임과 반대로 당시 국왕
의 섭정을 지내고 있던 쁘리디 파놈용은 피분쏭크람의 암묵 하에 국
내 지하 항일운동을 지휘하였다. 또 주미대사로 있던 쎄니 쁘라못을
중심으로 해외에 있던 태국인들은 태국의 대미 선전포고가 일본의 강
요에 의한 것임을 주장하며 미국에 있던 태국인들을 중심으로 자유타
이운동을 전개하였다. 이러한 노력에 힘입어 종전 후에 태국은 패전국
취급을 받지 않았다. 뿐만 아니라 미국의 도움으로 나중에는 국제연합
의 일원이 되기도 했다. 1942년 피분쏭크람이 남긴 "이 전쟁에서 패하
는 자가 곧 우리의 적이다"라는 말은 태국 정부의 유연한 외교 정책을
단적으로 보여주는 유명한 말로 두고두고 회자되었다.

연꽃도 상하지 않게 물도 흐리지 않게

바람이 불면 대나무는 바람을 이기지 못하고 눕는 듯이 보인다. 그러
나 바람이 약해지면 누웠던 대나무는 다시 일어난다. 태국의 역사를
보노라면 휘어지지만 쉽게 부러지지는 않는 대나무를 연상시킨다. 식
민지 시대 열강의 틈바구니 속에서 유연한 외교적 방식을 통해 독립을
유지하고 1, 2차 세계대전 중에도 탁월한 이중외교 전략으로 전승국의
지위를 누렸던 작고 힘없는 나라 태국은 휘어질지언정 부러진 적이 없
는 그런 나라였다.

　　태국 속담에 "부아마이참 남마이쿤(บัวไม่ช้ำ น้ำไม่ขุ่น)"이란 말이 있

연꽃도 상하지 않게 하고 물도 흐리지 않는 방향으로 해결하고자 하는 것이 오늘의 태국을 만든 방식이다

다. "연꽃도 상하지 않게 하고 물도 흐리지 않게 한다"는 뜻이다. 연못에 있는 연꽃을 따기 위해서는 아무래도 물을 흐리게 만들거나 아니면 연꽃에 생채기를 내기 십상이다. 그래서 연꽃도 상하지 않게 하면서 물도 흐리지 않게 하는 일은 결코 쉬운 일은 아니다. 오랜 역사를 같이 하다 보면 아무래도 인접국가들끼리는 서로 이해관계가 얽히게 마련이다. 태국도 주변국들과 크고 작은 문제가 없었던 것은 아니다. 특히 인도차이나반도의 관문이라 할 수 있는 태국의 중심적 입지와 국경을 접한 여러 나라들과의 역학 관계 속에서 더러는 갈등이 폭력과 전쟁으로 이어진 경험도 있다. 미얀마와는 역사적으로 크고 작은 전쟁을 빈번히 치렀고 캄보디아와는 아직까지도 영토 문제로 갈등을 겪고 있다. 그러나 유연성을 바탕으로 원만한 선린우호관계를 유지해가려는 것, 즉 더 많은 연꽃을 따기 위해 흙탕물에서 생채기가 난 연꽃들을 거두는 것이 아니라, 연꽃에 상처도 내지 않고 물도 흐리지 않는 방향으로 해결해 나가려는 것이 오늘의 태국을 만들어 온 방식이고 아세안(ASEAN)의 중심국가로 발돋움 하기 위한 태국의 정책 방향의 기본이라고 볼 수 있다.

2
푸야이, 후견인 의식

박경은

"자유"라는 국명이 가장 잘 어울리는 나라

앞서 언급했듯이 태국의 국호인 "타이랜드"에서 "타이(ไทย)"는 태국어로 '자유'라는 뜻이다. 이 "자유의 땅"이라는 이름보다 태국에 더 어울리는 이름이 있을까. 지구상의 나라들을 지역별로 무리 지어 나누어 봤을 때, 동남아시아 지역만큼 다양하고 복잡한 지역도 없다. 일부 공통적인 면도 있지만 동남아시아 지역 국가들 모두를 아우르는 한두 가지의 공통점을 꼽는 것은 쉽지 않다. 인종, 종교, 풍습 등 비슷하면서도 서로 다른 다양한 문화를 공유하고 있는 지역이 바로 동남아시아이다. 그럼에도 불구하고 그러한 다양성을 존중하고 마찰을 최소화하면서 서로 어우러져 살아가고 있는 지역이 또한 동남아시아 지역이다.

동남아시아 지역, 그 중에서도 특히 태국은 천혜의 자연을 부여 받은 축복의 땅이라 해도 과언이 아니다. 일년 내내 날씨가 덥거나 온화하고 수량이 풍부하며 자연 재해가 별로 없어 벼농사에 매우 유리하

최대 삼모작까지 가능한 태국에서는 초록색 벼와 누런 벼가 공존하는 모습을 볼 수 있다

다. "손을 뻗을 만큼만 부지런해도 굶어 죽지 않는다"는 말이 있을 정도로 태국은 풍요의 나라다. 그래서 예로부터 사람들의 삶은 여유롭고 인간 관계는 호의적이었다. 같은 농경 사회라도 우리보다는 상대적으로 공동 작업의 필요성이 덜했고, 생존을 위한 경쟁도 덜 치열했다고 볼 수 있다. 이러한 환경적 배경에서 기인하여 태국인들은 자신의 삶이 간섭 받거나 강요 받는 것을 싫어하고 마찬가지로 타인에게 강요하기를 꺼리는 경향이 있다. 즉 예로부터 태국은 엄격히 조직화된 집단이라기 보다는 자유롭게 개인간의 관계를 형성하고 있는 느슨한 사회이다. 그래서 제도나 법규, 규율보다는 대인 관계가 더 중요한 조건이 되는 경우가 많다.

후견인과 피후견인 관계

태국 사회는 아유타야 시대 뜨라이록까낫왕(พระบรมไตรโลกนาถ, 1448~1488)이 싹디나(ศักดินา, 토지분봉제)제도를 정립한 이후부터 입헌혁명이 있었던 1932년까지 절대왕정이 지배하는 신분사회였다. 권력을 가진 지배계층은 피지배계층인 상민들을 휘하에 두고 사법적인 문제 등을 돌봐주는 대신 아랫사람들에게 부역과 충성을 약속 받았다. 이렇게 후견인과 피후견인의 관계로 이루어지는 사회 구조를 "후견인 시스템(patronage system)"이라 하는데, 이는 태국인의 사회적 상호작용을 지배하는 패러다임으로 현대에까지도 유무형적으로 답습되고 있다. 즉, 현대에도 경제적으로나 정치적으로 권력을 가진 자가 상대적으로 권력을 갖지 못한 사람의 권익을 보호해주거나 이익을 도모해주고 반대급부로 혜택을 받은 사람이 시혜를 베푼 사람을 섬기거나 받들어 모시는 경우가 많다. 이렇게 하여 현대판 후견인과 피후견인의 관계가 유지되는 것이다. 태국 관료들의 엘리트주의 및 권위주의와, 이를 당연시 여기는 많은 태국인들의 모습은 이러한 후견인 시스템의 존재를 드러내주는 좋은 예가 된다. 뿐만 아니라, 금권정치나 군부 내의 파벌주의, 인맥을 통한 부당 인사 등 수많은 실례가 있다. 이는 비단 태국 뿐 아니라 많은 개발도상국들이 공통적으로 겪고 있는 문제이기도 하다. 다른 점이 있다면 태국의 경우 이러한 신분질서의 답습과 함께 업보 사상을 믿는 불교의 영향으로 이러한 구조의 개선 속도가 상당히 더디다는 것이다.

"어른"을 모시는 사회

태국인들은 어려서부터 "푸야이(ผู้ใหญ่)" 즉, "윗사람" 또는 "어른"을 공경하고 따르며 은혜를 알고 자신의 분수를 지킬 줄 아는 사람이 되도록 교육받는다. 그러므로 가정에서는 부모를, 학교에서는 선생님을, 사회에서는 선배와 상사를 공경하고 따르도록 배운다. 아랫사람, 즉 "푸너이(ผู้น้อย)"는 윗사람을 만나면 두 손을 합장하여 코 높이까지 올려 공손하게 인사를 하고, 어른의 앞을 지날 때는 시선보다 몸을 낮추어 조심조심 지나간다.

　일반적으로 윗사람이라고 하면 나이가 많은 사람뿐 아니라, 사회적

승려보다 몸을 낮추기 위해 신발을 벗고 탁발 보시하는 모습

으로 지위가 높은 사람, 한 분야에 전문적이고 해박한 지식을 가진 사람, 높은 교육을 받은 사람 등을 의미한다. 또한 존경할 만한 인품을 가진 사람도 윗사람으로 섬긴다. 개인과 개인 간의 관계를 중시하는 태국인들에게 윗사람과 아랫사람간의 상하 관계는 매우 중요한 것이 된다. 국민 중 불교도의 비율이 95퍼센트가 넘는 태국에서 승려들은 사회에서 가장 상층에 위치하는 계층이다. 즉 왕족이나 귀족은 일반인들보다 상위 계층으로 받들어지는데, 왕족의 최상위인 국왕조차도 승려에게는 나이가 아무리 어리고 경력이 짧더라도 머리를 조아리고 절을 해야 한다.

"끄렝짜이"의 폐해?

태국어 중에서 외국어로 번역이 어려운 단어 중에 "끄렝짜이(เกรงใจ)"라는 말이 있다. 여러 태국 및 외국 학자들은 이 "끄렝짜이"에 대해 태국 특유의 사회적 상호 작용의 핵심이자 태국을 대표하는 문화적 키워드 중 하나라고 주장하며 관심을 갖고 연구했다. 태국 학자 쏭탐 인타짝(ทรงธรรม อินทจักร)에 따르면 "끄렝짜이"라는 감정은 "타인으로 하여금 육체적 또는 정신적으로 불편한 마음이 들게 하는 것을 두려워하며 걱정하는 심리상태"로 정의하였다. 외국어로 번역이 어려운 이유는 단순히 딱 떨어지는 표현이 없어서이기도 하지만, 그보다 더 중요한 것은 이 "끄렝짜이"라는 말에 내포된 다양한 맥락에서의 다양한 의미와 또 그 안에 숨겨진 내포 의미를 완벽히 이해하기가 쉽지 않기 때문이다. 태국의 문화에 대한 안으로부터의 편견없는 시선과 깊이 있는 이해가 없이 "끄렝짜이"의 의미를 해독하는 것은 불가능하다.

우리 말로 옮기자면 "끄렝짜이"는 긍정적으로도, 부정적으로도 해석이 가능하다. 즉 '감사, 사과, 거절, 위로, 마찰이나 갈등 회피, 어려워함'등을 함축하고 있다. 일반적으로는 누가 뭔가 나에게 과도한 친절이나 선행을 베풀어 고마움을 느끼는 감사의 감정, 혹은 그것이 부담으로 다가올 때 거절을 내포하는 인사말로 쓰이는 표현이다. 그런데 "끄렝짜이"의 기능이 다소 부정적으로 해석이 되는 경우도 있다. 태국인들은 윗사람에 대해 "끄렝짜이"하는 것, 즉 "(어른을) 어려워하는 것"이 미덕으로 여겨지기 때문에, 자신의 의견이 윗사람과 다르면 가능한 겉으로 드러내지 않으려 노력한다. 물론 이는 상대방에게 심적, 물리적 자유와 균형 상태에 영향을 끼치지 않고 원활한 사회적 관계를 유지하고자 하는 태국인의 문화적 가치관에서 비롯된 것으로 볼 수 있다. 그러나 적지 않은 경우, 이것이 자신을 돌봐주는 후견인과 그에게 충성을 다하는 피후견인 간의 끈끈한 연결고리를 만들어, 계보나 파벌을 형성하는 요인이 되기도 한다. 그래서 "연줄을 이용하지 않으면 되는 일이 없다"는 속언이 있을 정도로 부정적인 결과를 초래하는 면이 있음은 부인할 수 없는 사실이다.

태국어에서 "쎈(เส้น, 줄, 선, 면발)"은 국수의 면발이라는 뜻에서 유래하여, 연줄을 의미하는 단어이다. 그래서 "렌쎈(또는 렌쎈렌싸이, เล่นเส้นเล่นสาย)" 즉, "줄을 놀리다"는 연줄을 이용한다는 의미가 된다. 태국인들은 언어 유희를 워낙 즐기기 때문에 "쎈"이라는 단어로 "쎈

태국의 국물이 있는 가는 면 쌀국수 쎈렉남
태국어에서 면발은 은유적으로 연줄에 비유된다

© 이지민

야이(เส้นใหญ่)"라고 하면 직역하면 '굵은 면'이지만, '굵은 연줄' 즉 든
든한 배경이나 소위 "빽"을 의미하게 된다. "쎈야이"가 없는 사람은
"쎈렉(เส้นเล็ก, 가는 면)"이라도 있으면 다행이지만 그나마도 "까올라오
(เกาเหลา, 면이 없는 국수)"라면 삶이 녹록치 않은 사회인 것은 안타까운
현실이다.

3
태국인의 존두尊頭사상

∙∙∙

태국에서 머리를 만지는 것은 절대적 금기

한번은 한류를 좋아하는 태국 친구가 묻기를, 드라마를 보면 왜 한국 사람들은 친구들끼리 그렇게 머리를 자주 때리냐고 했다. 한국 드라마를 너무나도 좋아하기는 하지만 그런 장면을 보면 심한 거부감이 든다는 것이다. 생각해보면 우리 문화에도 머리를 중시하고 발을 천시하는 이른바 "존두사상"은 있지만 태국인들 만큼 엄격하지는 않은 것 같다. 남학생 친구들끼리 뒤통수를 때리거나, 선생님이 말썽꾸러기 아이에게 꿀밤을 주는 장면을 봐도 친근감의 표현으로 보이지 거부감이 들지는 않는다. 하지만 태국인들은 그런 모습에 기겁을 한다.

귀여운 아이를 보면 의례히 머리를 쓰다듬는 것이 우리에게는 자연스럽다. 그러나 태국인은 아이라 해도 머리를 쓰다듬지 않는다. 대신 배를 문지르거나 팔을 주무르는 식으로 애정을 표현한다. 머리를 만지는 것은 금기시되어 있다.

귀여운 태국 고산족 어린이들
어린이라고 해도 머리를 만지는 것은 금기시된다

신체 관련 의식, 높고 낮음의 관념

태국인들은 특별한 경우를 제외하고 다른 사람이, 더군다나 낯선 사람이 자신의 몸을 만지는 것을 좋아하지 않는다. 머리와 발 등의 신체 부위에 대해 각별한 의식을 갖고 있는데, 특히 머리는 그 사람의 혼이 담겨 있는 곳으로 생각하기 때문에 매우 중요한 부분으로 인식된다. 그러므로 태국인의 머리를 손으로 짚거나 만지는 것은 금기에 해당되는 사항이다. 머리에 무엇인가가 묻어 있어 부득이 털어주어야 할 경우, 두 손을 모아 정중히 인사한 후 미리 양해를 구해야 한다. 반대로 발은 신체에서 가장 낮은 곳에 있어 가장 천하고 더러운 부분으로 인식된다. 그러므로 방향이나 사람을 가리킬 때 발을 사용하는 것은 절대로 안 되며 손윗사람 쪽으로 발을 뻗는 것조차도 매우 불손한 행위로 인식된다. 특히 불상, 승려나 불교와 관련된 물건, 왕이나 왕족은 물론 이들의 사진, 또는 사람을 향해 발을 향하거나 올려놓아서는 절대 안 된다.

이는 언어 생활에도 투영되어 있다. 머리는 "티쑹(ที่สูง, 높은 곳)"으로 보기 때문에, 위치적으로 높을 뿐 아니라 "쑹"이라는 단어가 내포하고 있는 '신성함, 귀함, 높은 권력'등을 함의하고, 반대로 발은 "티땀(ที่ต่ำ, 낮은 곳)"으로 보아 천하고, 신분이 낮고, 지저분하다고 인식된다. 실제로 태국사람들의 발에 대한 천시는 대단하다. 태국인들이 복장 중에서 가장 신경 안 쓰고 투자를 안 하는 곳이 신발이라도 보아도 무방하다. 근대화 이전에는 대부분의 사람들이 맨발로 생활을 하기도 했지만, 오늘날에도 날씨가 더운 탓에 슬리퍼를 즐겨 신는다. 학창시절, 필

푸미폰 국왕을 알현하는 잉락 친나왓 전 총리와 국무위원들.
왕족 알현 시에 부복을 하는 관습이 아직까지 남아 있다(출처: www.posttoday.com)

자는 봉사활동으로 한국에 와 있는 외국인노동자들에게 한국어를 가르치면서 겨울에도 슬리퍼를 신고 다니는 근로자들이 그렇게 안쓰러울 수가 없었다. 나중에 알게 된 사실이지만, 돈이 없어서 신발을 안 사는 것이 아니라 신발에 투자할 필요성을 느끼지 못해서 사지 않는다는 것이다.

왕실 용어에 투영된 극한의 존두사상

이러한 존두사상이 가장 극단적으로 드러나있는 것은 아마도 왕실용어일 것이다. 왕을 지칭하는 명사는 "프라짜우유후아"(พระเจ้าอยู่หัว)인데, 직역하면 "머리에 계신 신"이라는 뜻이다. 일반 백성이 상전에 대해 자신을 1인칭으로 부르는 경우 주로 사용한 표현은 "끌라우끄라멈(เกล้ากระหม่อม)" 즉, '정수리의 상투'라는 단어로 이는 현대어에서 남성의 1인칭 공손 대명사 "폼(ผม, 머리카락)"의 기원이 되었다.

반대로 왕을 2인칭으로 칭하는 경우, 우리 말에는 폐하('궁으로 오르는 계단의 아래'의 의미) 또는 전하('전각의 아래'의 의미) 등의 표현에서 보듯이 자신을 낮추는 겸양 표현이 사용된다. 영어에서는 "폐하"에 해당하는 표현으로 your majesty(당신의 권위) 또는 "전하"에 해당하는 표현으로 your highness(당신의 높으심)이 사용된다. 태국어에서 일반 왕족을 부를 때 호칭어로 사용되는 표현은 "퐈밧(ฝ่าบาท)", 즉 '(당신의) 발바닥'이라는 의미를 지닌 단어이다. 이는 줄임말로서, 국왕에게 "폐하"라고 칭할 경우에는 "따이퐈라엉투리프라밧(ใต้ฝ่าละอองธุลีพระบาท)",

직역하면 '왕의 발의 먼지입자의 바닥 아래'로 해석할 수 있겠다.

물론 어느 나라의 왕실용어든 높고 낮음, 귀함과 천함이 드러나 있는 것은 사실이지만 태국의 경우 왕실이 현존하므로 현대까지도 그러한 용어들이 일상에서 쓰이고 있다. 태국의 유명 문헌학자인 싸티얀꼬셋(เสฐียรโกเศศ, 프라야아누만랏차톤[พระยาอนุมานราชธน]으로도 불린다)에 따르면, 일반적으로 신분 상하관계에서 대면하는 경우, 아랫사람은 윗사람의 발치에 머리를 조아리며 자신의 가장 높은 부분 즉, 머리로 자신을 지칭하기 때문에 "머리, 정수리, 상투" 등의 단어를 1인칭으로 쓰고, 반대로 상전을 높여 부를 때에는 자신이 보이는 상전의 신체부위중 가장 아래인 "발"이 들어간 단어를 2인칭으로 쓴다는 것이다. 하지만 "발바닥 아래"도 아니고, "발바닥의 먼지입자의 아래"라니, 겸양이 너무 지나치다 하겠다.

생활에서 보이는 태국인의 존두 사상

어찌됐든, 왕실용어는 특수한 경우로 차치하고서라도 태국인들의 존두사상은 우리와는 차원이 다른 것이 사실이다. 태국에서 지상철이나 지하철을 타면 우리 나라 지하철과 다른 점이 있다. 바로 좌석 위에 짐 선반이 없다는 것이다. 태국인들은 머리 위로 물건을 주고 받거나 하는 행위를 금기시하기 때문이다. 윗사람 앞을 지날 때에 시선보다 낮도록 몸을 약간 낮추는 것은 가장 기본적인 예의이다. 또한 윗사람끼리 서로 이야기를 하고 있을 때 부득이 그 사이를 지나가야 한다면 반드

스승의 날에 선생님께 인사를 드리는 학생들의 모습.
윗사람보다 낮추기 위해 바닥에 앉아 절을 하는 모습을 볼 수 있다

시 허리를 굽혀 몸을 윗사람의 머리 아래로 굽히고 지나가야 한다. 어른이 서 있을 때에는 의자에 앉고, 어른이 소파에 앉아 있다면 바닥에 앉아 이야기를 해야 한다. 절에 가서 불당에 들어서자마자 바닥에 앉아 몸을 낮춰야 함은 물론이고 불당에서 움직일 때는 무릎걸음으로 다녀야 한다.

반대로 발은 천한 것이므로 어른 쪽으로 발을 향하거나 발로 무언가를 가리키거나 심지어 앉았을 때 발이 어른 방향으로 향하는 것 조차도 예의에 어긋난다. 그래서 태국인들은 남자건 여자건 윗사람 앞에 앉을 때는 가부좌가 아니라 다리를 포개어 앉되 발이 어른을 향하지 않는 다른 방향으로 빼는 자세를 하는 것이 보통이다. 또한 다리나 발에 착용하는 바지, 신발, 양말 등도 천하게 여겨지기 때문에, 친절을 베푼다고 남의 신발을 들어주거나 하면 상대방이 오히려 기겁을 한다.

예전에 태국을 관광하는 한 한국인 관광객이 운전기사와 심하게 시비가 붙은 적이 있다. 내용을 들어보니, 12인승 밴을 타고 관광을 하는 중에 운전석 바로 뒷자석에 앉은 한국인 관광객이 운전석 쪽으로 다리를 올리고 잠이 들었다고 한다. 그러자 발이 자신의 뒤통수에 와 닿은 것에 심한 치욕감을 느낀 태국인 운전사가 강력하게 항의를 한 것이다. 사실 그 행위 자체는 어느 나라에서 했더라도 지탄을 받을 만한 "어글리 코리안"의 전형이라고 비판할 수 있겠지만, 특히나 머리를 중시하는 태국에서 이러한 행동은 잔인한 보복을 부를 만큼 심각한 무례인 것이다. '혼'이 담긴 머리를 중시하는 태국인의 존두사상에 대한 몰이해에서 온 씁쓸한 사건이었다.

4
태국인의 체면의식

....

태국인의 "얼굴"

태국말에 "카이나(ขายหน้า, 얼굴을 팔다)"라는 말은 우리 말과 같은 의미로 쓰이는 관용어이다. 우리 말에도 속된말로 "쪽팔리다"라는 말이 있듯이 "얼굴을 팔다"라는 말은 "부끄럽거나 수치스러운 일을 당하다, 명예가 훼손되다"라는 의미로 쓰인다. 우리와 유사한 태국인의 체면의식을 단적으로 드러내는 표현이다. 이러한 태국인의 체면의식은 그 밖에도 "씨아나(เสียหน้า, 얼굴이 상하다, 체면이 깎이다)", "미나미따(มีหน้ามีตา, 얼굴이 있다, 체면을 차리다)", "나단(หน้าด้าน, 얼굴이 두껍다, 뻔뻔하다, 후안무치하다)", "마이루짜아오나빠이와이티나이(ไม่รู้จะเอาหน้าไปไว้ที่ไหน, 얼굴을 어디에 갖다 두어야 할 지 모르겠다, 너무나 수치스럽다, 부끄러워 어쩔 줄 모르다)" 등의 표현에서도 엿볼 수 있다.

태국인은 자존심이 강하고 명예를 중시한다. 현대에 와서는 실리를 중요시하는 민족으로 부정적인 이미지가 부각되어 있지만 사실 태국인은 전통적으로 명예를 중시하는 민족성을 가지고 있다. 그래서 "락싸나(รักษาหน้า, 얼굴을 지키다, 명예, 자존심을 지키다)"는 매우 중요한 덕목 중의 하나로 여겨진다.

실제로 태국 촌부리의 한 일본계 기업에서 있었던 일이다. 태국인 직원의 실수로 회사에 큰 손해가 발생하자 이에 화가 난 일본인 본사 파견 주재원이 당사자인 과장급 태국인 직원을 그의 부하직원들이 있는 자리에서 심하게 책임을 추궁하였다. 그러자 "카이나"한 치욕감을 참을 수 없었던 해당 직원이 회사에 방화를 했다는 것이다. 태국인 입장에서 보면 많은 사람들 앞에서 특히 자신의 부하직원들 앞에서 문책당한 것은 회사 전체에 불을 지를 만큼 극단적인 모욕감을 안겨 준 것이다. 유학 시절, 태국에 있는 외국계 회사 법인에서 이런 류의 사건 사고 소식을 심심치 않게 들을 수 있었다.

양육 사례금으로 지켜지는 부모의 체면

잔치와 여흥을 좋아하는 태국인들은 예로부터 집안의 경조사가 있으면 동네 사람들을 모두 초청하는 자리를 만들어 축하하거나 위로하였다. 결혼식 같은 행사는 매우 중요한 행사로, 특히 딸을 출가시키는 경우 더할 나위 없이 성대하게 치르는 경향이 있다. 우리 나라의 "함" 문화와 비슷하게 태국에서도 결혼식 전에 신랑 측이 신부와의 결혼을 허락 받는 의식의 하나로, 예식이 있기 전 "칸막(ขันหมาก)행렬"의식을 치른다. 태국에서는 결혼을 할 때 신랑이 그 동안 신부를 키워주어서 고

태국의 유명 연예인 모스 빠띠판의 칸막 행렬. 칸막은 우리의 "함"과 비슷하다(출처: matichon.co.th)

맘다는 의미로 신부 집에 양육 사례금인 "씬썻(สินสอด)"을 지불하는 관습이 있는데, 이 사례금과 각종 예물 등을 전달하는 의식이 바로 이 칸막행렬인 것이다. 양육 사례금은 신랑 측 어른과 신부 측 어른이 미리 사전에 협의를 통하여 정하는데, 그 금액을 결정하는 것은 살림 형편이 가장 큰 몫을 하지만 아무래도 신랑 집이 신부측을 얼마나 존중하느냐의 척도를 나타내는 경향이 있어 원하는 만큼을 받지 못하는 경우는 감정싸움으로 번질 수 있다.

딸을 시집 보내는 대가로 어느 집 부모가 얼마의 사례금을 받았다는 것은 마을의 큰 관심사가 아닐 수 없다. 그래서 "칸막"이 들어오는 날 마을 사람들은 신부 집으로 몰려와 구경을 한다. 사례금과 예물은 보통 누구나 볼 수 있게 전시하는 것이 보통이기 때문에 딱 봐도 얼마를 받는 지를 알 수 있는 것이다. 심지어 합의한 대로 제대로 준비를 해왔는지를 알아보기 위해 그 자리에서 금액과 예물 내역을 확인하기도 한다. 적은 금액에 딸을 보내는 일은 부모로서는 상당히 체면이 깎이는 일이다.

또 예식 자체도 잔치가 하루 종일 성대하게 펼쳐지는 것이 대부분이기 때문에, 예전에는 결혼 비용이 여의치 않아 식을 치르지 않고 그냥 동거를 하는 부부도 적지 않았다. 최근에는 예식이 간소화되었다고는 하지만, 유명 인사들의 결혼 비용과 사례금은 여전히 세간의 관심사가 된다.

태국인의 체면의식은 결혼식뿐만 아니라 장례식에서도 드러난다. "왓후아람퐁"이나 "왓탓텅"과 같은 크고 유명한 사원에서 장례를 치

태국식 함 "칸막"에 들어가는 양육 사례금의 모습

르는 것이 재력가들이 부를 과시하는 하나의 방법이다. 나아가 3일장, 5일장 또는 7일장과 같은 장례기간, 승려가 주관하는 의식의 규모, 그리고 화환의 수와 양 등도 중요한 척도가 된다. 이 모두가 태국인의 체면의식을 엿볼 수 있는 대표적인 사례라고 할 수 있다.

속보다는 겉이 중요한 바구니 선물

새해나 각종 명절에 태국인들은 지인들에게 선물하기를 좋아한다. 특히 직장 상사나 거래처 인사, 스승이나 자신이 존경하는 사람들에게 많이 하는 선물에는 "끄라차오(กระเช้า)"가 있다. "끄라차오"는 손잡이가 달린 바구니를 일컫는 말로, 각종 선물을 넣어 만든 '선물 바구니'라는 뜻이다.

명절이 임박하면 백화점이나 쇼핑몰마다 앞다투어 다양한 상품을 조합하여 만든 화려한 "끄라차오"를 선보인다. 주로 먹을거리가 대부분인데 한국인은 생활용품 선물 세트를 선호하는 데 비해 태국인들은 "끄라차오"에 바다제비집이나 닭고기 수프 엑기스 등의 건강보조식품, 또는 커피, 연유, 수입 과자 등의 기호식품, 그리고 양주 등을 선물한다. 이렇게 다양한 상품들을 한데 모아 만든 "끄라차오"는 겉으로 보기에는 내용물이 너무 많아 금방이라도 쏟아질 듯 보인다.

그러나 사실 "끄라차오"에는 비밀이 있다. 자세히 보면, 바구니의 밑바닥은 매우 얕거나 충전재를 넣어 두어 바구니의 "안"에는 정작 내용물이 들어 있지 않다. 포장할 때 먼저 바구니에 상품의 포장인 박스들

끄라차오. 보기에는 푸짐해 보이지만 내용물이 그대로 드러나 있는 보여주기식 선물의 전형이다

을 쌓는다. 그리고 그 후에 최종적으로 바구니의 "겉"에 상품을 쌓아 비닐로 둘둘 말아 고정시키는 것이다. 즉 "보이는 것이 전부"인 선물이며, "바구니"는 실상 "쟁반"의 역할을 하고 있는 것이다.

일반적으로 "선물"하면 아름답게 포장된 겉면을 먼저 떠올리게 되는 것이 보통이다. 색색의 포장지로 곱게 포장된 선물을 보며 그 안에 무엇이 들어 있을까 설렘을 안고 풀어보는 과정을 즐기는 우리와 달리 태국인들은 이미 내용물이 고스란히 드러난 선물을 주고 받는다. 그래서 당사자들뿐만 아니라 주변 사람들도 그들이 무슨 선물을 주고받는지 바로 알 수 있게 하는 것이 "끄라차오"의 핵심이다.

보여주기가 더 중요한 태국인의 의식

이렇듯 태국인들은 남의 시선을 많이 의식한다. 특히 이는 자본주의 영향으로 인한 과소비 성향과 맞물려 지나친 사치 풍조를 낳았다. 또한 현세지향적인 성향의 불교적 사상 역시 이러한 소비 성향에 영향을 미치는 것으로 보인다. 우리 나라와 비교할 때 저축률이나 부동산이나 자가 주택에의 투자 비율은 태국이 현격히 떨어진다. 한국인들이 "돈 모아 내 집 마련"과 같은 말에 익숙해져 있다면 타인들은 "껩응언 빠이티아우(เก็บเงินไปเที่ยว, 돈모아 놀러간다)" 같은 말에 더 익숙해져 있다. 일반적인 월급쟁이는 단칸방 월세에 살더라도 자기 차를 굴리는 경우가 많다. 물론 이는 더운 날씨와 불편한 교통 인프라 때문이라고 반박할 수 있겠지만, 수입차에 온전히 의지해 차 값이 물가 대비 우리 나라보다 훨씬 높은 것을 고려하면, 무리해서 자기 차를 고집하는 태국인들의 모습은 잘 이해가 되지 않는다. 또 이런 사치 풍조는 최근 젊은 이들에서 더 많이 보이는데 월급의 몇 배에 달하는 최신 스마트폰을 사고, 명품 가방을 들고, 밥 값의 두 세배에 달하는 "스타벅스"의 "프라푸치노"를 마신다. 이러한 소비 풍조는 양질의 제품과 서비스를 소비하겠다는 의지에서라기보다는, 자신을 바라보는 남들의 시선에 "좋아 보이기 위함"인 경우가 대부분이다.

태국어에 "팍치로이나(ผักชีโรยหน้า)"라는 관용구가 있다. "팍치"는 우리 말의 "고수"라고 불리는 채소인데, 태국 음식에서 고명으로 보기 좋게 음식 위에 얹는 경우가 많다. 이 관용구를 직역하면 "팍치를 (음식 위에 고명으로) 뿌리다"라는 뜻인데, 겉으로만 번지르르하게 하고 실속은 없는 일처리를 의미한다. 이는 곧 허례허식만을 쫓다가 실속은 챙기지 못하는 체면치레의 부정적인 면을 꼬집어 비판하는 말이기도 하다.

팍치 고명을 올려 장식한 태국 음식

5
울음, 미덕과 부덕의 양면성

∙∙∙

태국 유학시절 경험한 세 번의 장례식

태국 유학 당시 필자는 세 차례의 장례식을 경험했다. 세 번의 장례식이 모두 기억에 생생히 남아 있는 이유는 우리 나라의 장례식과 사뭇 다른 문화적 차이를 경험했기 때문이다. 그 중 두번째 장례를 먼저 이야기하자면, 필자를 각별히 아끼셨던 석사 논문 지도교수 악카라 분팁 교수님의 장례식이었는데, 학장직을 수행하고 계시던 예순의 나이에 원인불명의 병환으로 예고 없는 죽음을 맞이하신 터라 소식을 접하자마자 경황없이 장례식장으로 달려갔다. 장례식장에는 고인의 시신이 관위에 누워서 조문객들을 맞이하고 있었다. 어릴 적 가까운 친지들의 죽음을 목도한 경험은 있으나 사후 며칠이나 지난 후의 시신을 그렇게 가까이서 보는 일은 흔치 않은 까닭에 아니나다를까 겁이 덜컥 났다. 다른 조문객들을 따라서 무릎을 꿇고 고인의 주검 곁으로 다가가 손에 물을 뿌리며 안식을 기원한 뒤 돌아 나오는데 송구스럽게도

치앙라이 "왓렁쿤" 사원 입구에는 복을 나눠달라고 하는 망자들의 손이 형상화되어 있다

뒷머리가 당기는 기분을 어쩔 수 없었다. 눈물은 흐르는데 슬픔인지 두려움인지 복합적인 감정이 들어 혼란스러웠다.

세번째 장례식은 박사 논문 지도교수님께서 모친상을 당하신 자리였다. 슬픔에 잠기신 교수님을 위로해 드리느라 밤 늦게까지 장례식장을 지켰다. 화장을 하기 전에 무슨 의식을 한다고 하여 장례식장 앞에 마련된 장소에 나와 다른 조문객들과 앉아 있었다. 그런데 갑자기 음악 소리가 들려와 주위를 둘러보니 웬 전통 무용수가 등장해 춤을 추는 것이 아닌가. 무슨 착오가 있나 싶어 의아한 표정으로 지도교수님을 바라보았다. 지도교수님께서는 생전에 어머님께서 좋아하시던 공연을 보내 드리기 전에 마지막으로 다시 보여 드리는 것이라고 설명해 주셨다. 아무리 그렇다고 해도 종교적인 송가도 아니고, 구슬픈 애도가도 아닌 다분히 신나는 리듬과 곡조의 무용 공연을 망자의 관 앞에서 벌이는 것이 조금 민망하기도 하고 겸연쩍은 기분이 들어 표정 관리를 하느라 애를 먹었다.

문화적 몰이해에서 기인한 무례

두 번의 장례식 모두 우리의 그것과는 차이가 있는 장례 문화에서 받았던 충격이 작지 않았는데 그 이상으로 컬쳐쇼크라고 할 만한 경험은 내가 참석했던 첫번째 태국 장례식에서 있었다. 어머니처럼 섬기는 찐따나 풋타메따 교수님의 친조카가 근육암으로 갑자기 세상을 떠났다. 독신으로 살아온 교수님이 어릴 때부터 돌보아 키운 조카로, 명민하

명망 있는 정치인의 장례식 모습

여 별다른 사교육 없이도 태국 최고의 명문대학 중 하나인 쭐라롱껀 대학교 공과대학에 입학을 한 새내기였다. 심성이 바르고 밝아 따르는 친구들도 많았다. 필자도 태국 정착 시기에 적지 않은 도움을 받고 심적으로 의지하며 교분을 나누던 사이였다. 처음 만났을 때 이미 팔 근육암으로 의수를 끼고 있었는데, 항암치료가 잘 된 것으로 안도했던 찰나 온 몸에 암세포가 전이되어 손 쓸 수 없게 된 것을 알게 되었다고 했다. 며칠 전까지도 해처럼 환하게 웃던, 갓 스물도 안 된 친구가 세상을 떠났다는 소식은, 역시 이십 대 초반의 필자에게는 그야말로 청천벽력 같은 이야기였다.

서둘러 검은 옷을 찾아 걸치고 장례식장으로 달려갔다. 태국은 우리 나라처럼 화장터가 따로 있는 것이 아니라 장례 시설을 갖추고 있는 큰 규모의 사원에서 화장식도 함께 이루어진다는 사실도 그때 처음 알았다. 교수님 댁 근처에 있는 왓얀나와 사원까지 가는 택시 안에서 슬프고 안타까운 감정이 북받쳐 주체할 수 없는 눈물이 쉴 새 없이 흘러내렸다. 사원에 도착해 장례식장을 찾아 가면서도 눈물 때문에 한참을 헤맸다. 이내 교수님의 얼굴이 멀리에서 보이자 또 다시 주체할 수 없는 감정에 통곡이 흘러 나왔다. 할 수 있는 위로의 말이란 초라하기 그지 없었다. 그저 눈물이 내 마음을 대변해 주리라 기대하면서 울고 또 울었다.

그런데 망자의 주검을 뒤로 하고 물러 나오는데 교수님께서 나의 손을 잡고 오히려 위로하시면서 나를 장례식장 한 켠으로 데려가셨다. 그리고는 조심스럽게 꺼내신 교수님의 말씀은 울음을 자제해 달라는 당부였다. "나는 한국 문화를 이해하기 때문에 괜찮은데, 태국 장례식장에서는 그렇게 울면 좋지 않다"고 하시는 것이다. 그 말씀을 듣고 주위를 둘러보니 정말로 "울음을 우는" 사람은 필자 한 명 뿐이었다. 대학 친구들은 삼삼오오 모여 환담을 나누고 있었고, 심지어 친아들 이상으로 아이를 사랑하신 교수님과 친부모이신 교수님의 오빠 부부 조차도 울지 않았다. 눈물 자국이 얼굴에 얼룩진 정도였다. 많은 조문객들로 붐비고 있었지만, 다들 태연하게 서로 이야기 나누며 음식을 먹고 있었다. 필자는 민망한 기분이 들면서도 한편으로는 좀 분하고 서운한 기분이 함께 북받쳐 올라왔다. 너무 의연한 교수님이 얄미울 정도였다. 어린 마음에, 이게 사람들이 말하는 태국인들의 양면성이라는 건가? 하는 말도 안 되는 억지를 써 보기도 했다.

울음 소리가 망자의 발걸음을 붙잡는다?

교수님은 "태국사람들은 장례식에서 울음 소리가 들리면 망자가 산사람들에 미련이 남고 걱정되어 좋은 곳으로 가지 못하고 구천을 떠돌게 된다고 믿는다"라며 장례에서 소리 내어 우는 것이 미덕이 아니라고 말씀하셨다. 필자는 갑자기 죄송스러운 마음이 들었다. 태국 문화를 이해하지 못하고 행동한 것이 오히려 무례를 범하고 망자의 가족들에게 불편함을 초래한 것이다.

교수님의 설명은 태국사람들이 가진 미신의 일면을 반영하는 부분일수도 있다. 그러나 미신을 차치하고라도, 태국사람들은 장례식장뿐

치앙마이의 전통 장례행렬.
망자의 지인들이 함께 관을 끌고 화장터까지 이끌어 간다

아니라 공공장소에서 큰 소리로 울거나 웃거나 떠드는 것은 대단히 무례한 행동으로 본다. 나아가 감정에 휩쓸려 울음이나 웃음으로 그 감정을 드러내는 것은 미덕이 아니라 부덕으로 생각한다. 그 문화적 배경은 종교에서 기인하는 부분이 있다.

눈물의 의미, 그 문화적 차이

우리 민족이 울음과 눈물에 관대한 것은 잘 알려진 사실이다. 아니, 관대한 정도가 아니라 오히려 절대적으로 필요한 것으로 여겨 때와 장소에 적합한 울음이 미덕인 문화이다. 잘 울어야 효자이고 충신이며 열녀라고 했고, "울지 않는 자는 한국인이 아니다"라고 말할 정도였다. 예전에 사람이 죽으면 죽은 날부터 발인할 때까지 곡소리가 그치지 않아야 했다.

양반집에서는 초우제 삼우제에도 내리 울고, 제사에도 울었다. 울음소리가 작으면 전문적으로 곡을 하는 사람을 돈을 주고 사서 곡을 하기도 했다. 오늘날에는 장례에서 그 정도까지 곡을 하지는 않지만 우는 사람에게 자제해달라고 할 집은 없다. 어느 집에 "시어머니가 죽었는데 며느리가 눈물 한 방울 안 흘리더라"하며 공공연히 흉보는 일은 이상한 일도 아니다.

반면 태국에서는 감정표현을 겉으로 하는 것을 부덕으로 보는 문화이기 때문에, 이렇게 울음이 일상적이고 더 나아가 필요한 것으로 여겨지는 문화적 현상이 이상하게 느껴지는 것은 당연하다. 일례로 지난

태국에선 어린아이가 우는 모습은 자주 볼 수 있지만 어른이 우는 모습은 보기 어렵다

2011년 말 사망한 북한 김정일 국방위원장의 영결식에 전국민적 통곡 모습이 외신에 이색적인 현상으로 앞다투어 소개되면서 태국에서도 비중 있게 보도되었다. 특히—북한 측에서는 왜곡이 있었다고 주장하는 부분이나—북한 정부가 조문식장에서 울지 않는 일부 주민들을 처벌했다는 기사가 보도되자 많은 태국 국민들은 상식적으로 이해할 수 없는 부분이라며 경악했다. 인터넷에서는 기사 말미에 태국에서 태어난 것이 얼마나 다행이냐는 내용의 댓글이 줄지어 포스팅되었다.

장례식에서 사람을 사서 곡을 하는 일은 태국에서도 예외적으로 행해진 경우가 있었다. 일반인들의 장례가 아닌 왕실이나 고위직 관리의 국장(國葬)급에 해당하는 경우에 "낭렁하이(นางร้องไห้, 우는 여자)"를 고용하여 곡을 했다고 한다. 기록에 따르면 아유타야 시대부터 이러한 관례가 시작된 것으로 나타나는데, 네 명의 선창자와 함께 80~100명에 이르는 낭렁하이가 곡을 했다고 한다. 그러나 그냥 곡을 하고 울음을 우는 형식이 아니라 고인의 삶을 반추하고 추도시를 낭송하기도 하고 추모곡을 제창하는 등의 형태였다.

이러한 관습은 태국의 전통이 아니라 몬족(มอญ)의 전통을 받아 온 것으로 "먼렁하이(มอญร้องไห้, 우는 몬)"라고 부르기도 했다. 이후 곡을 하는 것이 가식적이고 죽은 자의 추도를 위한 것이 아니라 산 자의 유흥을 위한 것이라는 등 여러 가지 이유로 라마6세 때부터는 낭렁하이 고용을 하지 않았다.

태국 국민 중 95퍼센트에 달하는 불교도들이 생각하는 종교적 지향점은 열반(นิพพาน)일 것이다. 모든 번뇌의 속박에서 해방되어 해탈을

낭렁하이. 과거에는 태국에서도 사람들을 사서
장례식에서 곡을 대신하게 했다(출처: www.oknation.net)

통해 열반에 드는 것이다. 그러기 위하여 매일 아침 탁발하는 승려들에게 시주를 하고 생활 속에서 선업을 쌓는 행위만큼이나 중요한 것은 마음가짐이다. 즉, 기쁨이나 슬픔의 감정에 자신이 휘둘리지 않도록 늘 자신의 정신을 가다듬고 평정심을 유지하는 것은 중요한 덕목이 된다.

그러므로 태국인들이 자주 사용하는 "짜이옌옌(ใจเย็นๆ, 마음을 차게 하다, 진정하라, 평정심을 유지하라)" 하라는 당부는 한편으로 생활 속에서 종교를 실천하려는 태국인들의 다짐이라고 볼 수 있다. 슬프고 분하고 속상한 일이 있을 때 그것을 울음과 눈물로 표출하고 가슴에 맺힌 한을 주변 사람들과 공유하고 나누기보다는 그것에서 한 발짝 떨어져서 객관적으로 보는 것이다. 그럼으로써 감정에 휩쓸리지 않고 어려운 시간이 지나가도록 길을 비켜서는 지극히 태국인다운 처세법인 것이다.

6
어휘에 나타난 태국인의 가치관

∙∙

"싸바이 싸바이"한 태국인의 라이프스타일

태국인들은 친절하기로 유명하다. 곤경에 처해 있는 사람에게는 앞다투어 발벗고 나서 도움의 손길을 내미는 것은 물론이고, 금전적 보답을 바라지 않고 순수한 선심에서 타인에게 선행을 베푸는 사람도 많다. 그래서 아무도 "콘타이미남짜이(คนไทยมีน้ำใจ)", 즉 "태국인들은 인정이 많다"는 말을 부정하지 않는다. 태국을 처음 여행하는 외국인들은, 가끔은 바가지를 쓰거나 사기를 당하는 경우도 있다. 하지만 최소한 그보다는 더 빈번하게 생면부지의 태국인으로부터 받은 친절로 태국에 대해 좋은 인상을 받기도 한다. 또 태국인들은 모르는 사람이라도 눈이 마주치면 자연스레 미소를 보내기 때문에 전세계적으로 태국은 "미소의 나라"로도 알려져 있다.

이러한 태국인들의 친절과 여유는 아무래도 상당부분은 환경적 풍족함에서 기인한 낙천적인 성격 덕으로 보인다. 일년 내내 따뜻한 날씨

활짝 웃고 있는 태국 수상시장의 상인의 모습. 낙천적인 태국인의 성향을 그대로 보여주는 듯하다

로 길에서 노숙을 해도 생명에 지장이 없고, 천혜의 자원과 풍요로움이 있었기에 태국인은 자신의 것을 타인에게 나눠주는 것에 인색하지 않았다. 그래서 오늘 안되면 내일 하면 된다는 여유를 가지고 살아왔다. 태국어의 "싸바이(สบาย)"는 편안하다는 의미로, 반복하면 부사로 '편안하게', '느긋하게'의 뜻을 나타낸다. 오늘날 태국인들의 라이프 스타일은 많이 달라졌지만, 아직도 방콕을 조금만 벗어나면 말 그대로 "슬로라이프"를 실천하고 있는 태국인들의 "싸바이 싸바이"한 삶을 만날 수 있다.

"마음을 시원하게"

태국은 일 년 내내 덥다. 일 년을 크게 양분하면 우기(5월 말~11월 말)와 건기(12월~5월)로 나뉘어진다. 건기는 다시 겨울(12월~2월)과 여름(3월~5월)으로 나뉘어져 보통 태국의 계절을 여름, 우기, 겨울의 세 계절로 구분한다. 그러나 사실은 일 년 내내 덥기 때문에 혹자는 태국은 덥고, 아주 덥고, 죽도록 더운 세 계절이 있다고 우스갯소리를 하기도 한다. 그렇기 때문에 태국어에서 '덥다', '뜨겁다'라는 의미의 "런(ร้อน)"이라는 말은 주로 부정적인 의미를 나타내고, 반대로 '시원하다', '차다'라는 의미의 "옌(เย็น)"이라는 말은 긍정적인 의미로 쓰이는 경우가 많다. 마음이라는 뜻의 "짜이(ใจ)"를 붙여서 "짜이옌(ใจเย็น)"이라고 하면 '마음이 차갑다, 냉정하다'라는 부정적인 의미가 아니라, '신중하다', '차분하다'라는 뜻의 긍정적인 의미가 되고, "짜이런(ใจร้อน)"은 반대로 '성질이 급하다', '경솔하다'라는 의미가 되는 것이다.

태국인들이 한국인의 성품을 묘사할 때 주로 사용하는 말이 "짜이런(ใจร้อน)"이고, 서두르는 한국인들에게 건네는 태국인들의 권고의 표현이 "짜이옌옌(ใจเย็น ๆ)" 즉, "진정해라, 차분해라"라는 말이다. 사실 일이 급할 때 마음을 급히 한다고 해결되는 것은 아니다. 오히려 마음을 차갑게 하여 이성적으로 판단하고 그에 따라 행동하는 것이 더 신속한 해결을 가져 올 때가 많다. 태국인들이 말하는 "짜이옌옌"은 느긋하게 마음먹으라는 밑도 끝도 없는 낙천주의가 아니라, 오히려 문제에서 한 발짝 떨어져 냉철하게 분석해 보라는 합리적인 권고에 가깝다.

관용의 "마이뻰라이"와 업보 사상

태국 문화를 떠올리면 생각나는 유명한 말 중 하나는 "마이뻰라이(ไม่เป็นไร)"이다. 한국어로는 주로 "괜찮다"로 번역되는 이 말은, 사실 뜯어보면 "아무 해도 당하지 않다", 즉 "문제 없다"에 가까운 표현이다. 그래서 우리 말의 "괜찮다"는 '쓸 만하다' 또는 '가능하다'의 의미로도 많이 사용되는데, 태국어의 "마이뻰라이"는 조금 다르다. 필자가 유학 시절, 음식을 권하는 태국 친구에게 거절의 의미로 "괜찮다"에 대응시켜 "마이뻰라이"라고 대답했다가, 이것이 화용론적으로 어떤 의미를 갖는 대답이냐를 놓고 토론이 벌어지기도 했었다. 태국인의 언어문화에서 사소한 거절을 할 때에는 보통 "아니에요"라고 직설적으로 대답하기 때문에 태국 친구는 필자의 '괜찮다'는 의미를 부정의 완곡표현으로 생각하지 못했던 것이다. 또한, 맥락에 따라서는 '괜찮다'의 의미가 긍정의 완곡 표현으로 해석될 수 있음을 지적했다. 물론 이는 언어학자들의 유난스러운 호기심 덕분이기도 하며, 맥락이 허용하면 태국인들도 거절의 의미로 "마이뻰라이"를 사용한다.

태국어의 "마이뻰라이"는 앞서 살펴 본 "끄렝짜이"와 함께 외국어로 번역하기 까다롭지만 태국의 문화를 반영하는 대표적인 어휘로 학자들의 연구 대상이 되었다. 한 학자는 일상 생활에서 폭넓게 사용되는 "마이뻰라이"라는 말은 감사와 사과, 거절, 위로, 마찰이나 갈등의 회피 등 크게 네 가지의 화용적 기능을 한다고 설명하면서, 이 네 가지 언어전략의 공통적 핵심 목적은 "청자로 하여금 문제 상황이나 사물에 걱정하는 마음을 갖지 않도록 하기 위함"이며 궁극적인 목적은 "상호 간 마찰이나 갈등을 회피하고 사회적 화합을 추구하기 위함"이라고 설명하고 있다. 즉 "끄렝짜이"와 일맥상통하는 면이 있다.

한편으로 태국인들이 "마이뻰라이"를 유난히 자주 사용하는 것은 타인을 쉽게 용서하는 이유도 있다. 국민 대부분이 불교를 신봉하는 태국에서 "관용"은 미덕으로 여겨진다. 그래서 타인의 실수나 잘못으로 본인이 비록 해를 입었더라도 타인이 사과를 하면 "마이뻰라이"라는 말로 너그럽게 용서해 주는 경우가 많다.

그러나 한편으로 생각하면 업보 사상을 믿는 태국인들에게 "마이뻰라이"는 타인을 정죄하고 징벌하는 것으로 악업을 쌓기보다는 인과응보(탐디다이디 탐추아다이추아, ทำดีได้ดี ทำชั่วได้ชั่ว)라는 믿음을 바탕으로, 잘못한 사람이 언젠가는 자신의 악업에 대한 벌을 받을 것이라고

왓포 와불의 자비로운 모습

생각하기 때문에 더 쉽게 관용의 미덕을 발휘할 수 있는 것으로도 보인다. 태국어에 "깜땀탄(กรรมตามทัน)", 즉 "업보가 따라잡는다"라는 표현에 그러한 믿음이 단적으로 투영되어 있다. 그 사람의 악업은 그 사람이 인생에서 치르게 되어 있으니 내가 관여할 부분이 아니며 나는 나의 선업을 위해 관용을 발휘하면 된다고 생각하는 것이다. 또 다른 불교 문화적 관점에서 보자면, "뜨라이락(ไตรลักษณ์)"이라고 하는 불교 가르침에 따른 사물의 세 가지 공통 존재양식(아닛짱 툭캉 아낫따[อนิจจัง ทุกขัง อนัตตา], 모든 것은 생성과 소멸을 반복함. 인간의 고통 역시 물질 세계와 그에 대한 걱정, 근심을 내려놓음으로써 그 고통에서 벗어나 평온한 상태로 돌아갈 수 있음)에 대한 믿음을 바탕으로 한 것이라는 설명도 가능하다.

오래 겪어야 비로소 깨달을 수 있는 삶의 모습

유학 당시 "마이뻰라이"라는 말 때문에 당황한 경험이 있다. 한번은 전통 마사지를 받았는데, 마사지사가 혈자리를 잘못 짚었는지 자고 일어 났더니 팔 근육이 경직되어 팔을 들지 못하게 된 것이다. 놀라서 다시 마사지 집에 찾아가서 담당했던 안마사를 찾아 상황 설명을 하고 어 쩌면 좋냐고 물으니 "마이뻰라이"라는 답이 돌아왔다. 지하철에서 발을 밟은 사람이 "마이뻰라이"라고 한 적도 있다. "팍치" 향을 즐기지 않던 유학 초기에 국수에 "팍치"를 빼 달라고 주문 시 당부를 했는데도, "팍치"를 잔뜩 뿌려서 내오고는 막상 항의를 하면 "마이뻰라이"라 고 대답을 할 때는 적잖이 화가 났다. 피해를 본 사람은 나인데 도리어

쑤코타이 역사공원 내의 불상의 자비로운 미소

가해한 사람이 문제가 없다고 하니, 당황스럽고 불쾌하기까지 한 기분을 참을 수 없었다. 자신에게 하는 독백이라고 보기에도 이상했다. 하지만 이것은 발생한 문제 상황이 "큰 문제는 아니다"라고 상대방을 위로하고 상대의 심정을 이해하고 보듬으려는 의미로 보아야 마땅하다는 것을 뒤에 깨달았다. 더불어 어쩌면 자신이 남의 실수나 잘못에 "마이뻰라이"하며 관용을 베풀듯, 자신의 잘못에 상대방이 웃으며 "마이뻰라이"라고 말해 줄 것을 기대한 것일지도 모른다는 생각도 들었다.

"마이뻰라이"와 비슷한 말로 라오스말에는 "버뻰양"이라는 표현이 있다. 라오스에 거주하는 한 지인의 말에 따르면 "버뻰양"의 진정한 의미는 수 년 간 라오스 사람들과 어깨를 맞대고 부딪히며 살아봐야 비로소 깨달을 수 있다고 한다. 어떤 말은 그 속에 숨어 있는 철학적 깊이와 삶의 모습을 완전히 이해하기까지 아주 오랜 시간이 걸릴 수도 있고, 또 아무리 오랜 시간이 걸려도 완전히 이해하기 힘든 경우도 있다. 태국어의 "마이뻰라이"나 라오스어의 "버뻰양"이 바로 그 대표적인 예가 아닐까. 이를, 열정이나 야망 없이 편안한 삶 만을 추구하는 나태한 삶의 자세를 드러내는 부정적인 말로 편견을 가지고 대하지 않고, 관계에서의 균형과 평정과 화합을 추구하는 관용적 세계관 속에서 이해하는 것이 태국 문화에 깊이 있게 다가가는 중요한 발걸음이 될 것이다.

II

태국의 종교과 믿음, 그리고 왕실

1
태국인의 출가와 수도생활

모든 남성이 출가하는 나라

태국에 처음 가면 매우 인상적인 것 중의 하나는 곳곳에 널려 있는 불교사원과 승려들의 모습이다. 방콕은 물론 지방 어디를 가더라도 지척에 사원이 있고 아침이면 탁발하는 승려들의 모습을 흔히 볼 수 있다. 한낮에도 거리에서 승려를 만나는 일은 다반사이고 버스를 타더라도 우리 나라의 노약자석이 있는 곳에 승려를 위한 좌석이 따로 마련되어 있다. 승려는 여성과의 접촉이 불허되므로 이를 배려해서 만들어 놓은 이유도 있다. 가히 불교 국가에 왔다는 것을 실감할 수 있다.

그런데 재미있는 것은 거리를 지나는 성인 남자 대부분이 전통적인 태국 사회에서는 모두가 한때 승려였다는 사실이다. 몇 해 전에 태국에서 쿠데타가 일어났을 때 이를 보도하던 한국의 신문 기사에 쿠데타를 주도한 태국의 육군 장성이 전직 불교 승려라는 특이한 전력을

암파와 수상마을. 이른 새벽 마을을 돌며 탁발을 하는 어린 승려들의 모습

가지고 있다고 소개하는 것을 보고 실소를 금할 수 없었다. 아마도 기자는 태국의 남성 대부분이 대개는 일정 기간 머리를 깎고 절에 들어가 수도 생활을 하는 불교 풍습을 몰랐던 모양이다. 이처럼 태국이 불교국가라는 것은 알아도 태국 불교의 출가와 수도생활에 대해서 아는 사람은 많지 않다.

현 태국지역에 불교가 전래된 것은 불기 3세기 말 경으로 당시에 타이만을 중심으로 하여 말레이반도와 인도차이나반도 그리고 자바와 수마트라 등지에 왕래하던 브라만들에 의해 전파되었다. 이때부터 불교는 태국문화에 절대적인 영향을 끼치며 발전해 왔다. 오늘날 태국인들의 95퍼센트가 불교 신자이며 태국 전역에 3만 5,000여 개의 사원이 있다. 수백 년간 불교 문화 속에서 살아온 태국인들에게 불교는 종교라기보다는 생활 그 자체로 보인다.

태국인들의 옳고 그름에 대한 가치판단의 기준은 부처의 가르침에 근거한다. 태국어로 부처의 가르침을 "탐(또는 탐마, ธรรม)"라고 한다. 계율은 "씬(또는 씬라, ศีล)"이라고 하는데 두 단어의 합성어인 "씬라탐(ศีลธรรม)"이 '도덕'또는 '윤리'의 의미를 지닌다. 그래서 부처의 가르침인 "탐"을 행하게 되면 선행이고, 금지한 "씬"을 어기게 되면 악행이 된다. 따라서 선악을 판단할 줄 아는 사리분별력을 키우려면 부처의 가르침을 공부해야 한다.

이러한 종교 문화적 배경 속에서 태국은 오래 전부터 남자들이 결혼하기 전에 석 달간 머리를 깎고 출가하여 수행하는 "부앗(บวช)"의 풍습이 생겨났다. 이 "부앗"의 풍습은 출가 수행을 통해 무엇이 옳고 그른

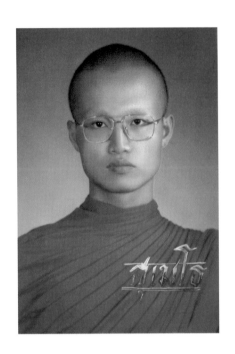

필자 정환승은 태국 유학 당시 출가수업을 한 경험이 있다. 당시 사진

지를 판단할 줄 아는 성인이 되어야 비로소 결혼하여 일가를 이룰 수 있다는 의식에서 생겨났다. 반면 여성의 경우 데라바다 불교 교리에 따르면 원칙적으로 계율상 출가하여 승려가 될 수 없기 때문에, 수행을 하고자 하는 경우, 머리를 깎고 흰 옷을 입고 수도자로서 수행을 한다.

아들 덕에 극락 가는 부모

태국의 남성들은 일생에 최소한 한 번 이상 출가하여 승려신분으로 수도 생활을 한다. 수도생활은 태국인들에게 있어서 옳고 그름을 판단할 줄 아는 성인으로서의 분별력을 갖추는 것뿐만 아니라 부모에게 보은과 효도의 의미를 담고 있다. 그 이유는 태국인들의 믿음 속에는 아들이 출가하여 수도 생활을 하게 되면 그 공덕이 부모에게로 돌아가 극락에 갈 수 있다고 믿기 때문이다. 태국 속담에 "황색 옷자락 끝을 본다(헨차이파르앙, เห็นชายผ้าเหลือง)"라는 말이 있는데 이는 "아들이 출가한 공덕으로 부모가 극락에 간다"는 뜻을 담고 있다. 바꿔 말하면 딸의 경우 출가를 할 수 없기 때문에 아들의 출가에서 오는 공덕을 얻을 수 없다. 이렇게 출가하여 수도 생활을 하는 것은 왕에게도 예외가 아니었다.

한편, 출가는 "정죄" 즉, 죄를 씻기 위한 목적으로 행해지기도 한다. 사회적으로 물의를 일으킨 연예인이나 유명인들은 속죄의 방법으로 출가를 하여 사태를 마무리하는 경우가 많다. 즉 사회적 비판의 대상이 되었던 인물이 이미지를 쇄신하기 위한 하나의 통로로 출가를 선택

"การบวช" เป็นการแสดงถึงความเป็นผู้กล้าที่จะเอาชนะกิเลสตามรอยพระสัมมาสัมพุทธเจ้า
เราต้องกล้าให้โอกาสตัวเองได้ศึกษาธรรมะเพื่อการหลุดพ้น เพราะเพศภาวะของคนธรรมดา ๆ นั้น
ยากจะปฏิบัติตามธรรมวินัยให้สมบูรณ์และบริสุทธิ์ได้

유명인이나 연예인의 출가는 언제나 흥미롭고 경사로운 뉴스다.
사진은 연예인 출가 사진으로 출가를 진흥하는 홍보 자료이다(출처: www.dhammakaya.net)

하는 경우를 드물지 않게 볼 수 있다.

출가의식은 마을의 축제

태국사회에서 출가의식과 환속의식은 집안의 큰 경사에 속한다. 아들이 출가한다는 것은 곧 부모님을 극락에 보내드린다는 의미를 지니게 되기 때문이다. 대개 그 부모 된 사람은 동네 사람들을 불러 집에서 성대하게 잔치를 베풀게 된다. 태국인들의 의식 속에는 출가의식에 참가하는 것도 공덕을 쌓는 것이라는 믿음이 있어서 누가 출가하든 간에 출가의식은 그 마을의 잔치나 축제처럼 치러진다.

출가하는 날이 되면 출가의식에 앞서 머리와 눈썹을 깎고 흰색 옷으로 차려 입은 출가자를 코끼리나 자동차, 또는 배에 태우고 행렬을 지어 절로 가게 된다. 때로는 사람에 의해 목말을 태우는 경우도 있다. 이때 출가자의 부모는 아버지가 응량기(절에서 쓰는 승려의 공양 그릇)를, 어머니가 승복을 안고 가족친지들은 승려의 생활 용품들을 들고 행렬에 참가한다. 행렬이 시작되면 전통 음악이 연주되고 그 음악에 맞추어 걷거나 춤을 추면서 절을 향해 간다. 행렬이 절에 도착하면 불당을 세 바퀴 도는데 "탁씬나왓(ทักษิณาวัตร)"이라 해서 왼쪽에서 오른쪽으로 돈다. 세 번 도는 의미는 삼보 즉, 불보(佛寶)·법보(法寶)·승보(僧寶)의 은덕에 감사하고 경배하는 것이다. 불당을 세 바퀴 돈 후에 안으로 입당하여 수계의식을 치르게 된다. 이때 출가자의 아버지가 왼쪽에서 어머니는 오른쪽에서 출가자를 부축하고 들어간다.

탁발에 나선 어린 사미승의 모습

수계의식은 매우 까다롭고 복잡한 절차에 따라 이루어진다. 의식은 출가자가 불당 안으로 들어와 세 번 절한 후에 부모로부터 승복을 받는 것으로 시작된다. 모든 의식에 있어 수계자에 대한 질문과 그에 대한 답변 그리고 모든 불경의 낭송은 팔리어로 한다. 이 과정에서 출가자의 자격을 묻는 질문과 출가자의 이름 그리고 사표가 될 스승의 이름을 묻는 질문을 거쳐 모두 227계를 받게 된다. 이렇게 하여 수계식 끝머리에서 출가자는 승복으로 갈아입고 승려가 되는데 이때부터 엄격하고 까다로운 수도 생활을 하게 된다. 수계의식이 끝나면 스님들께 공양을 올리고 참석자 모두에게 음식을 대접한다.

장가가려면 먼저 중이 되어라

승려가 되면 일정기간 부처의 가르침을 익히고 엄격한 규율 속에서 생활하게 된다. 올바른 태도와 말씨는 물론 성인으로서의 여러 가지 덕목을 갖추게 되며 책임감도 배우게 된다. 또한 불교적 가치관과 도덕적 판단기준도 형성하게 되고 절제와 검소의 미덕도 아울러 갖추게 된다. 이러한 까닭에 태국의 전통 사회에서는 남자가 청혼할 때 일정기간 동안 출가하여 수도생활을 했는지의 여부가 첫번째 조건이 되었다. 그래서 태국 남성들은 누구나 장가를 가려면 먼저 승려가 되어야 했고 따라서 태국의 성인 남성 대부분은 전직 승려인 것이다.

2
불교국가 태국에 남아 있는 민간신앙

지신을 모시는 사당, 싼프라품

어릴 적 산 너머 이웃 마을을 들어설 때 지나가야 하는 서낭당 앞은 왠지 모르게 두려운 곳이었다. 귀신이 나올 것만 같기도 하고 도깨비가 뒤에서 뒷덜미를 잡을 것 같은 기분이 들었다. 어른들이 만들어놓은 몇 가지 귀신 이야기 때문에 무서움이 더했다. 게다가 당산나무 주위를 오색 천으로 감아놓아 께름칙하기까지 했다. 나중에 어른이 되어 서낭당이 귀신이 나오는 곳이 아니라는 것을 알고 나서도 그런 두려움이나 께름칙함이 사라지기까지는 오랜 시간이 걸렸다.

한국의 서낭당은 본래 오랜 옛날 제대로 된 무기가 없어 돌멩이를 던져 싸우던 시절에 생겨난 것이다. 이른바 돌을 던져 싸우던 시대에 마을을 방어하기 위해 돌멩이를 모아 놓았던 무기고였던 셈이다. 나중에 무기가 발달하여 더 이상 돌로 싸울 일이 없어지면서 돌싸움은 민속

놀이로 발전하게 되었고 1960년대까지 시골에서는 정월 대보름날 마을별로 나뉘어 돌싸움을 했다. 싸움에서 이기는 마을은 풍년이 들고 지는 마을에는 흉년이 든다는 속설이 있어 돌싸움은 매우 치열했는데 더러는 사상자가 생기기도 했다. 마을을 지킨다는 숭고한 본래의 의미에 무속화 과정이 더해지면서 서낭당은 신성화됐다. 전쟁에 나서는 사람들이 갖는 공포와 두려움에서 승전을 바라는 전승기원 의식을 거행하면서 성역화되고 신성의 개념이 부여되었던 것이다.

처음 태국에 갔을 때 서낭당과 유사한 인상을 받았던 것이 바로 "싼프라품(ศาลพระภูมิ)"이라고 하는 지신을 모시는 조그만 사당이었다. 태국의 전통가옥을 축소해놓은 듯한 조그만 사당이 외주 위에 모셔져 있었는데 앞쪽에는 대개 음식과 과일이 놓이고 초와 향이 켜져 있었다. 이런 싼프라품은 정부의 관공서나 일반 건물, 그리고 가게나 사람이 사는 집 등 곳곳에 세워져 있었다. 때로는 색색의 천으로 감아 놓아 옛날 어릴 적 서낭당 앞을 지날 때 느꼈던 두려움과 께름칙함에 대한 추억이 되살아 났다.

태국의 "싼프라품"은 "프라품"이 모셔져 있는 조그만 사당을 의미한다. "싼"은 '사당'을 의미하고 "프라품"은 "품테와다(ภูมิเทวดา)"로 불리기도 하는데 그것이 모셔져 있는 부근의 땅을 수호하는 '지신'을 의미한다. 전해져 내려오는 이야기에 의하면 옛날에 "타우톳싸랏(ท้าวทศราช)"이라는 왕이 있었는데 슬하에 아홉 명의 왕자를 두었다고 한다. 아홉 명의 왕자 모두 능력이 출중하여 왕은 이들로 하여금 지상에 내려가 곳곳을 지키도록 명하였다. 그리하여 사람이 사는 거주지

한 대학 앞에 모셔진 싼프라품의 모습. 안에 힌두교의 가네샤 상이 자리하고 있다

는 물론 도시로 드나드는 문, 병영의 초소, 계단, 외양간, 곡식 창고, 신혼집, 논과 밭, 숲, 시냇가, 운하, 강 등 곳곳을 지키고 보호하게 되었다. 태국에서는 사당에 모셔져 있는 이들 왕자 즉, 지신이 있는 곳을 가리켜 "프라차이몽콘(ᴡᴀᴇᴘᴀᴍᴍᴀ)"이라고 부른다. 이 사당 앞에는 지신의 시중을 드는 세 명의 남자가 있다고 한다.

한편, 태국어로 "차독(ᴡᴀᴅᴀ)"이라고 부르는 이른바 부처의 전생을 기록한 『본생담(本生譚)』에 보면 부처가 보리수 나무 아래 앉아 수행하고 있을 때 팔리국의 신이 못마땅하게 여겨 쫓아내려고 하였다. 그러자 부처가 이를 알고 세 걸음만큼만의 땅을 달라고 하자 팔리국의 신은 불과 얼마 되지 않는 땅이라고 생각하고 이를 허락하였다. 부처가 불력을 일으켜 세 걸음을 걷자 팔리국 신의 땅을 벗어나 멀리까지 갔다. 한 순간에 땅을 모두 잃은 팔리국 신은 불행하게도 설산림(雪山林) 밖으로 쫓겨나야 했다. 팔리국 신이 다시 부처에게 와서 자신의 땅을 돌려달라고 간청하자 부처는 앞으로 착하게 살면서 땅을 지키는 좋은 신이 될 것을 당부하였다. 그래서 팔리국 신이 오늘날의 프라품, 즉 지신이 되었다는 것이다.

태국의 불교에서 범천이나 아수라와 같은 일부 존재는 부모 없이 자연적으로 생겨나는 것이라고 믿고 받아들인다. 프라품도 마찬가지로 자연발생적으로 생겨난 존재로 오래 전부터 토속 신앙과 결합하여 오늘날 지신으로 모셔져 왔다. 오늘날 프라품은 태국인들의 생활과 아주 밀접하여 새로 집을 짓거나 건물을 건축하게 되면 반드시 지신을 모시는 싼프라품을 한 켠에 같이 세우게 된다. 이는 엄밀히 말하면 브

칠색 천을 두른 나무

라만-힌두교에 뿌리는 둔 것으로 불교와는 별개의 것이지만, 다양한 종교가 서로 배타적이지 않고 함께 혼재되어 신봉되는 태국에서는 자연스럽게 받아들여지며, 불운을 몰아내고 집안의 평온과 안녕, 그리고 발전과 번영을 기원하기 위한 것으로 "쌘프라품"을 세우는 행위가 널리 행해지고 있다.

칠색 천을 사용하는 비밀

한국의 서낭당에 오색천을 감아놓는 것처럼 때때로 쌘프라품 주변을 색동천으로 감아 놓은 것을 볼 수 있다. 태국에서는 쌘프라품만이 아니라 뱃머리나 커다란 나무, 불탑 등에도 색동천으로 감아 놓는 경우가 있다. 태국을 여행하다 보면 흔히 볼 수 있는 모습들이다. 특히 나무에 색동천을 감아 놓으면 감히 나무를 베어가지 못해 간접적으로 그 나무를 보호해주는 역할을 한다. 신령한 나무는 사람을 보호하고 사람이 바친 제물이 그 나무를 보호해주는 셈이다.

　한국의 오색천은 적, 녹, 청, 황, 백색으로 주로 서낭나무, 서낭기, 영등대 등에 달아서 신에게 바치는 제물로 여긴다. 길이는 일곱 자 일곱 치로 하는 것이 보통이다. 태국의 색동천은 한국의 오색천과 유사한 부분이 있다. 태국의 색동천도 이른바 신에게 바치는 제물의 의미가 크다. 옛날에 베를 짠다는 것은 매우 힘들고 고달픈 일이었다. 그렇게 어렵게 짜서 만든 천은 매우 귀한 것으로 여겨 가장 존경하고 사랑하는 사람들에게 바쳤다. 나라 간에는 속국이 종주국에 바치는 공물 품

영험하다고 이름나 방문객이 끊이지 않는 방콕 랏차쁘라쏭 사거리의 에라완 신상

목에 어김없이 들어 있었다. 이런 귀중한 천을 지신이나 정령들에게 바쳤던 것이다.

태국의 색동천은 "쩻씨쩻썩(๗ สี ๗ ศอก)" 즉 "칠 색 칠 썩"이라고 했는데 보통 일곱 가지 색의 천 일곱 "썩(ศอก)"을 사용하였기 때문이다. "썩"은 팔꿈치 중앙에서 가운데 손가락까지의 길이를 나타내는 태국 고유의 단위로 1썩은 약 0.5미터, 7썩은 환산하면 3.5 미터 정도의 길이가 된다.

일곱 가지 색깔을 사용한 이유는 한 주가 칠 일이므로 요일마다 정해진 신에게 경배하면 복을 받으리라 믿었기 때문으로 보인다. 일요일은 빨간색, 월요일은 노란색, 화요일은 분홍색, 수요일은 녹색, 목요일은 주황색, 금요일은 하늘색, 그리고 토요일은 보라색으로 얼마 전까지도 태국사람들은 요일별로 색상을 맞추어 입었다. 그러나 최근 옐로셔츠와 레드셔츠로 대표되는 정치 세력들간의 색깔론과 대립으로, 요일 별로 색상을 맞추어 입던 태국 고유의 옷차림 문화는 눈에 띄게 줄었다.

신앙이나 믿음은 머리로 이해하는 것이 아니라 가슴으로 받아들이는 것이다. 이성적으로 판단하는 것이 아니라 감성적으로 수용하는 것이다. 오늘날 한국에서도 최첨단 공법으로 다리를 건설하고 건물을 지으면서 맨 먼저 하는 일이 돼지머리를 놓고 고사를 지내는 것이다. 태국인들의 싼프라품이나 색동천으로 감싸 놓은 나무들을 보면서 이를 단순히 미신으로 치부하기보다는 그들이 세상을 좀더 마음 편하게 살면서 안녕을 기원하는 삶의 방식으로 보는 것이 더 마땅한 일일 것이다.

3
귀신과 더불어 사는 사람들

술잔 속의 귀신

어려서부터 누구나 무서워하는 것이 있다면 그것은 바로 귀신일 것이다. 한국사람이라면 누구나 동네 어귀에 은행 나무에 목매달아 죽었다는 처녀가 밤이 되면 귀신이 되어 나타난다는 처녀귀신, 얼굴 모양만 있고 눈, 코, 입이 없다는 달걀귀신, 물에서 헤엄치는 사람을 끌어들여 죽인다는 물귀신 등 여러 가지 귀신 이야기를 들으며 자란다. 그러나 성인이 되고 나서는 대개 귀신은 그냥 지어낸 이야기로 치부되고 귀신을 믿는 것을 무지의 소치로 여기는 경향이 있다.

태국에도 여러 가지 귀신이 있다. 그러나 태국사람들은 귀신을 좀더 진지하게 믿는 것 같다. 필자가 처음 태국에 유학을 가서 썸머스쿨 과정에 조별 과제를 할 때였다. 학교 앞 학생들 숙소에서 발표준비를 하고 이런저런 이야기를 나누다 보니 시간이 밤 열두 시가 가까워졌다. 그런데 친구 중의 하나가 갑자기 "피투아이깨우(ผีถ้วยแก้ว)"를 해보았느냐고 물어왔다. 처음 듣는 소리라고 하니까 죽은 사람의 영혼을 불러다 궁금한 것을 물어보는 거라며 한 번 같이 하자고 하는 것이었다. 호기심도 있고 하던 차라서 그러자고 했더니 책상 위에 큰 종이를 한 장 깔고 태국어 자모음을 순서대로 써 내려갔다. 그리고 한 켠에는 작은 집도 그려 놓았다. 밤 열두 시가 넘어가자 한 친구가 몇 년 전에 돌아가신 아버지 영혼을 모셔온다고 향에 불을 붙이고 밖으로 나갔다. 그리고 두 손에 있는 향을 하늘 높이 들어 올리고 세 번을 합장하더니 다시 방으로 들어와 종이 위에 그려진 집 위로 향 끝을 향하게 한 후에 조그만 술잔으로 덮었다. 그러면서 하는 말이 돌아가신 아버지의 영혼이 그 엎어진 술잔 안에 있다는 것이었다.

그 다음부터 친구들이 모여들고 그 중의 세 명이 각각 검지 손가락을 엎어져 있는 술잔에 댄 후에 나머지 친구들에게 알고 싶은 것이 있으면 무엇이든지 물어보라는 것이었다. 한 사람씩 궁금한 것을 물어보자 세 명이 검지 손가락을 대고 있는 술잔이 종이 위에 쓰여진 자모음을 따라 움직이기 시작했다. 그 움직임이 글자를 만들고 단어를 만들면서 물음에 답이 되는 내용이 문장으로 완성되었다.

처음에는 아마도 외국 친구인 나를 놀리려고 무슨 속임수를 쓰는 게 아닌가 하는 생각이 들었다. 그러나 세 사람이 아무런 대화 없이 검지 손가락을 술잔에 대고 인위적으로 움직여 글자를 만들고 문장을 만든다는 것은 가능할 것 같지 않았다. 나중에는 나도 두 명의 친구와 함께 검지 손가락을 술잔에 대고 다른 친구들의 질문을 받았다. 그러자 내가 손을 대고 있는 술잔이 내 의지나 의도와 상관없이 움직이기

옛날 "피투아이깨우"를 하는 태국인의 모습(출처: board.postjung.com)

시작했다. 그러면서 다른 두 명의 검지 손가락과 힘의 균형을 유지하면서 단어와 문장으로 만들어 내는 것이었다.

"피투아이깨우"라는 것을 통해 나는 간접적으로 태국의 귀신을 접한 셈이었다. 후에 태국에서 생활하다 보니 태국사람들 중에는 실제로 귀신을 보았다는 사람들이 의외로 많았다. 태국사람들에게도 귀신은 사람을 해치거나 화를 주는 악한 귀신이 있는가 하면 안전을 돌보아주거나 복을 주는 착한 귀신도 있다. 그런데 착한 귀신보다는 아무래도 악한 귀신이 더 많이 나타나는 것 같다. 그래서인지 영화도 악한 귀신을 주제로 만들어지는 영화가 유독 많다. 공포영화를 보면 실제로 체온이 떨어지는 효과가 있다는 연구 결과도 있다니, 태국이나 인도네시아 등 동남아시아 여러 나라에서 공포영화가 유독 많이 제작되고 인기를 얻는 이유는 어쩌면 더위 속에서 땀을 식히는 하나의 방편으로 공포를 즐기는 사람들의 지혜인가 하는 생각도 든다.

귀신과 함께 하는 삶

태국의 착한 귀신에는 우선 주거 공간을 지켜주는 귀신이 있다. "피반피르안(ผีบ้านผีเรือน, 집귀신)"은 집을 지켜주는 귀신으로 그 집에 사는 사람들의 안녕과 행복을 지켜주는 귀신이다. 태국사람들은 집집마다 "피반피르안"이 있다고 믿는다. 부엌에는 "매따우파이(แม่เตาไฟ, 화로 여신)"라는 귀신이 있는데 음식을 만드는 일을 돌보아 주고 부엌에서 불이 나지 않게 보호해준다. 잠자리에 들기 전에 이 귀신에게 예를 올리면 아이들이 오줌을 싸지 않는다고 믿는다.

문지방에는 "매터라니쁘라뚜(แม่ธรณีประตู, 문지방 여신)"라는 귀신이 있어 사람들이 문지방을 밟게 되면 해악을 입게 된다. 태국남자들이 절에 들어가 수행하기 위해 치러지는 수계의식에서 예비 승려가 법당에 들어설 때 다른 사람들이 업거나 들어 올려서 문지방을 통과하는 것도 바로 이 때문이다. 태국인들의 전통가옥은 땅 위에 기둥을 박고 그 위에 집을 짓는 주상 가옥이다. 따라서 지면에서 주거공간으로 올라가는 계단이 있는데 이 계단에는 "매반다이(แม่บันได, 계단 여신)"라는 귀신이 있어서 계단을 보호해준다. 중부지방 사람들은 집의 베란다에 갈 때 계단을 밟게 되면 화를 당한다고 믿는다.

집안의 특정한 곳에 사는 것은 아니지만 태국 남부지방에는 "피따야이(ผีตายาย, 외조부모 귀신)"가 있어 집안 사람들의 삶을 돌봐준다고 믿는다. 우리 나라의 조상신과 같은 것으로 해마다 제사를 지내기도 한다. 태국에서 조상신을 외조부 귀신이라고 부르는 이유는 늙은 부모를 모시는 것이 한국에서는 장남의 의무로 여겼지만 태국에서는 장녀의 의무였기 때문이다. 또한 갓난아이가 있는 집에는 "매쓰(แม่ซื้อ)"라는 귀신이 따라 붙는데 아기를 어르고 달래주는 착한 귀신이다. 태국에는 수로가 발달하여 예로부터 배를 교통수단으로 사용하여 왔는데 뱃머리에는 "매야낭(แม่ย่านาง, 할머니 귀신)"이 있어서 배 안에 있는 사람들의 안녕을 지켜주고 배가 뒤집혀지지 않도록 보호해준다고 믿는다.

나타나면 큰일날 귀신들

한편 악하고 무서운 귀신도 많이 있다. 태국에는 호피아(Hopea, 동남아 전역에 널리 퍼져 있는 활엽수의 일종)에 속하는 "따키안"이라는 나무가 있는데 재질이 단단하여 널빤지로 사용하거나 통나무배를 만드는데 사용한다. 그러나 이 나무에 사는 "낭따키안(นางตะเคียน)" 귀신은 사람을 잡아먹는 흉악한 귀신이라서 태국사람들은 집을 짓는 데에는 사용하지 않는다. 숲에 가면 "피껑꺼이(ผีกองกอย)"라는 외다리 귀신이 사는데 밤중에 숲에서 신발을 신지 않고 자는 사람들의 발가락을 먹는다고 한다. 또, "피뽁까롱(ผีโป๊กกะโล่ง)"이라는 귀신은 헝클어진 긴 머리를 하고 숲에 사는 야인의 모습을 하고 있으며 긴 손톱과 발톱을 이용하여 숲 속의 작은 동물들을 산채로 잡아 먹는다. 물에는 "피프라이(ผีพราย)"라는 물귀신이 있어 강이나 수로에서 물놀이 하는 사람들에게 발에 쥐를 나게 해서 죽게 만든다.

악한 귀신 중에는 사람에게 직접 나타나 화를 입히는 귀신도 많다. 남부지방의 팟타룽 주에는 일반 사람과 똑같은 같은 모습을 한 "피랑끌루앙(ผีหลังกลวง)"이라고 하는 귀신이 있는데 주로 시원한 폭포 부근에 살다가 한밤중에 사람 뒤를 따라오며 쌀을 찧어주겠다고 한다. 주인이 방심한 사이에 이 귀신은 절구로 목을 꺾어 죽인다. 그래서 팟탈룽 사람들은 밤중에 쌀을 찧지 않는다고 한다.

한밤중에 긴 머리에 아리따운 모습으로 나타나 총각들을 홀리는 "피매마이(ผีแม่ม่าย)"라고 부르는 과부 귀신도 있고 바나나 나무에 살면서 밤중에 사내들을 홀려 남편으로 삼는 "낭따니(นางตานี)" 귀신

태국 귀신 이야기 중 가장 유명한 고전 설화인 "낭낙"을 현대식으로 패러디하여
큰 인기를 얻은 영화 "피막"의 한국판 개봉 포스터

도 있다. 이 귀신이 들게 되면 몸이 점점 말라 결국 죽게 된다고 한다. 또 사람들의 내장을 파먹는 "피뻡(ผีปอบ)"이라고 부르는 귀신이 있는데 사람 속에 들어가 홀리게 만든다. 이 귀신에게 홀린 사람은 몸에 살이 빠지고 성난 눈초리를 하고 있으나 다른 사람과 제대로 눈을 맞추지 못하고 피한다. 임신한 여인이 아기를 낳지 못하고 죽으면 "피낭낙(ผีนางนาค)"이 되는데 몹시 사나워서 사람들 앞에 나타나 저주를 퍼붓는다고 한다.

한국사람 시각에서 보면 태국사람들은 일상을 귀신과 더불어 살아가는 것 같다. 사실 귀신이 실제로 존재하는지의 여부는 그다지 중요하지 않다. 태국사람이 가지고 있는 귀신에 대한 믿음은 착한 귀신에게는 의지하면서 복을 구하고 악한 귀신은 멀리하면서 화를 피하고자 하는 그들의 조상의 지혜에서 비롯된 것이기도 하다.

4
푸미폰 국왕과 태국 왕실

푸미폰 국왕을 향한 태국인들의 무한 사랑

올해(2016년)로 즉위 만 70주년을 맞은 푸미폰 아둔야뎃 국왕은 전세계에서 가장 오래 재위한 왕으로 알려져 있다. 하지만 가장 긴 재위 기간보다 더 유명한 것은 태국인들이 푸미폰 국왕에게 갖는 무한한 신뢰와 존경과 사랑이다. 거리나 학교 주변 또는 관공서뿐 아니라 일반 태국 시민들의 집집마다 국왕과 왕비의 사진이 걸려 있다. 태국인들은 그 앞을 지날 때 두 손을 모으고 공손히 인사를 하고 지나간다. 그 모습은 흡사 종교적 의식처럼 보인다.

유학시절, 마침 그 해는 2006년, 푸미폰 국왕의 즉위 60주년을 기념하는 해였다. 5월에 있는 대관식 기념일을 즈음하여 즉위 60주년 기념식이 열렸는데, 국왕의 모습을 보기 위해 노란색 티셔츠를 입고 왕궁 앞 광장을 가득 메운 인파가 백만 명이 족히 넘었다. 전국 각지에서 차를 대절하여 단체로 상경한 사람들도 많았다. 까마득히 먼 거리에서도

푸미폰 국왕 즉위 60주년 기념식 당시 왕궁 앞 인파의 모습(출처: www.komchadluek.net)

국왕이 왕궁 테라스에 모습을 드러내자 감동과 환희의 눈물을 흘리며 사람들은 한 목소리로 외쳤다. "쏭프라짜린(ทรงพระเจริญ, 번영하소서)!" 그 모습을 목도하면서 느꼈던 감정을 말로 형언하기는 어려우나, 일면 은혜롭고 또 한편으로는 조금 소름이 돋는 광경이었다고 인정할 수밖에 없었다.

푸미폰 국왕의 즉위 과정

국왕에 대한 태국인들의 사랑과 신뢰라는 것은 너무나 크고 무조건적이어서 비논리적으로 보이기까지 한다. 그러한 사랑과 신뢰를 만들어 낸 것은 시대적 배경도 한몫 했겠으나 가장 큰 공은 푸미폰 국왕 자신과 왕실의 노력이라고 볼 수 있다.

사실 태국 왕실의 입지가 계속 굳건하게 유지되어 온 것은 아니다. 쑤코타이 왕국 이래 약 700년간 지속되어 오던 절대군주제는, 세계대전과 열강의 식민주의라는 국외 배경과 당시 태국 왕실의 재정적 문제 및 해외 유학파 지식인 층의 성장 등 국내 사정과 맞물려 붕괴하고 1932년에 입헌군주제가 도입되었다.

그 당시만 해도 왕실의 권위는 그야말로 역사상 유래 없이 추락하여 바닥을 치고 있었다고 해도 틀린 말이 아니다. 일찍 세상을 떠난 아버지 대신 왕이 된 형 아난타 마히돈 왕(라마8세, 재위 1935~1946) 마저 의문의 사건으로 급서하자, 푸미폰 아둔야뎃(라마9세)은 1946년 당시 19세의 나이로 짝끄리 왕조의 아홉번째 왕으로 즉위하게 되었다.

출가 당시의 푸미폰 국왕

푸미폰 국왕은 1927년 생으로, 당시 하버드대에서 의학을 공부하던 부친 때문에 미국 메사추세츠에서 2남1녀 중 막내로 출생하였다. 두 살 때 방콕으로 돌아와 초등교육을 마치고는 스위스로 건너가 로잔 대학에서 과학을 전공하였다. 즉위 후에도 학업을 마치기 위해 섭정 기간 동안 스위스에서 머물며 정치학과 법학을 공부하기도 했다. 학업 중에 프랑스 주재 대사의 딸이었던 씨리낏 왕비를 만나 결혼을 하여 슬하에 1남 3녀를 두었다.

푸미폰 국왕의 카리스마와 공적

입헌군주제에서 왕은 상징적 존재로 격하되는 경우가 많다. 그러나 태국의 푸미폰 국왕은 격동의 세월을 거치며 국가의 통치자로서 보여준 카리스마와 더불어 민생을 살피고 돌보는 아버지의 이미지를 굳히며 태국 국민들의 신뢰를 확보하게 되었다. 특히 1973년 타넘 정부의 군부 독재에 반대하여 일어난 민주화 운동 당시, 푸미폰 국왕이 왕궁의 문을 열어 무력 진압의 손아귀에서 시위대를 구해낸 일화는 유명하다. 특히, 당시 민주화 운동 이전에는 태국 사회에 자유주의, 사회주의, 공산주의, 보수주의 등 다양한 이념을 가진 단체들이 서로 대립하고 있었으나, 상기 유혈사태를 계기로 서로 다른 이념의 단체들이 "국왕을 위해 투쟁한다"는 슬로건 하에 힘을 합하여 군부독재에 저항하여 승리를 거두었고, 이후 왕당파가 주류 세력으로 등장하여 현재의 "왕정민주주의(Royalist Democracy)"를 주류 담론으로 가져오는 데 성공한 것 역시 왕실의 입지를 다지는 가장 중요한 계기 중의 하나가 되었다.

이어 1992년에는 쑤찐다 정부의 독재에 항거한 민주화 운동 시위대와 진압군과의 충돌로 유혈사태가 발생하자 푸미폰 국왕이 양측 진영의 대표를 왕궁으로 불러 들였다. 당시 군부 측의 쑤찐다와 민주화 세력 측의 짬렁이 국왕 앞에 부복한 상태에서 국왕의 훈시를 듣고 모든 갈등 상황이 종결되는 극적인 장면이 연출되기도 하였다. 이렇게 푸미폰 국왕의 카리스마를 보여주는 일련의 사건과 역사적, 정치적 배경으로 왕실의 카리스마와 입지는 더욱 공고해졌다.

그러나 푸미폰 국왕을 "아버지"로 부르며 존경하고 따르는 국민들의 무조건적 사랑의 이유로는 푸미폰 국왕의 "인간미"를 빼놓을 수 없다. 푸미폰 국왕은 저소득층이 대다수인 농민의 복지를 살뜰히 살피고 돌보았다.

전국 방방곡곡 오지를 직접 방문하여 백성들을 만나, 몸을 낮춰 고충에 귀를 기울이고 농업 생산성 향상을 위한 개발에 투자하고 시골에 의료기관을 설치하였다. 왕실에서는 수많은 사업을 운영하는데, 대안학교나 기술 교육, 관개, 경작지 개발 등등 농업과 관련한 다양한 연구를 하고 그 결과를 관련 정부부처로 이관하여 시행한다. 고산족 복지를 위한 왕실 주관 프로젝트는 마약에 찌들어 살던 고산족들의 삶을 커피와 함께 하는 건전한 삶으로 바꾸어 주었다. 또한 가뭄이 심한 동북부 지역에는 인공 강우 사업과 댐 건설 등을 통해 고질적인 용수 부족 문제를 해결하고자 하였다. 또한, 쌀 값의 등락에 큰 영향을 받는 농민들의 생활 안정을 위해 농지를 분할하여 경제작물을 심거나 새우

몸을 낮춰 서민과 소통하는 푸미폰 국왕(출처: king.kapook.com)

양식을 하는 등 효율적으로 운용할 수 있도록 하는 기술인 "자족경제 철학(쎗타낏퍼피앙, เศรษฐกิจพอเพียง)"을 제창하여 UN의 칭송을 받기도 했다.

이렇듯, 가장 낮은 곳에 있는 국민들의 삶을 먼저 챙기는 푸미폰 국왕을 국민들은 "아버지"로 섬기고 또 살아있는 부처로 추앙한다. 푸미폰 국왕의 생일인 12월 5일은 "아버지의 날"로 정해 매년 성대한 기념 행사가 열린다.

형법 112조, 왕실 모독죄

이렇게 푸미폰 국왕과 왕실에 대한 존경과 사랑이 깊다 보니 국왕이나 왕실에 대하여 비난하거나 모욕을 주는 행위는 태국인들의 반목을 살 뿐만 아니라 법으로 엄격히 금지되어 있다. 태국 형법 112조는 "왕실모독죄"에 관한 조항으로, 국왕의 사진이나 그림 심지어 국왕의 얼굴이 새겨져 있는 돈 등을 고의로 밟거나 훼손하는 행위는 이 왕실모독죄 조항에 따라 실형을 선고 받을 수 있는 중죄로 여겨진다.

태국의 극장에서 영화를 보거나 연극, 뮤지컬, 음악회 등의 공연을 시작하기 전에 반드시 거치는 절차가 있다. 식전 행사로 국왕 찬가가 연주되면 자리에서 일어서서 존경을 표하는 것이다. 그런데 고의로 일어나지 않고 거부하는 경우에도 역시 형법 112조에 의거 처벌을 받게 된다. 또한 아무리 사적인 자리라고 해도 국왕이나 왕실에 대하여 비판하거나 근거 없는 말을 퍼뜨리는 경우도 마찬가지다. 그래서 왕실에 대한 언급은 매우 조심스럽게 행해진다.

이러한 처벌이 너무 과중하다는 불만도 없지 않는 것이 사실이다. 특히 최근 십여년간 왕실모독죄로 검거된 피의자의 수가 급격히 증가하였고 검거의 근거가 석연찮은 경우도 많아, 이에 대해 태국지식인들이 연합하여 왕실모독죄의 철폐를 요구하기도 하였다. 또한 왕실모독죄의 형법 조항 내용이 매우 애매하고 정확한 기준이 없이 해석에 따라 적용되기 때문에 처벌이 공정치 못하다거나 여론의 탄압이라는 문제 제기도 있다. 그러나 이러한 문제제기 조차도 매우 조심스럽게 이루어지며 공론화되지는 못하는 분위기인 것도 사실이다. 이는 태국의 왕실의 또 다른 이면을 보여주는 것이기도 하다.

노령의 푸미폰 국왕, 후계자는 누가 될까?

1927년생인 푸미폰 국왕은 올해로 만 여든아홉의 고령이다. 그간 여러 차례 입원과 퇴원을 반복하며, 공식 행사에도 거의 모습을 드러내지 못할 만큼 건강이 쇠약해졌다. 천하를 호령하던 씨리낏 왕비 역시도 치매 등의 노환으로 공식 활동을 하지 못하는 상태이다. 상황이 이렇다 보니 향후 왕위 계승에 관심이 쏠리고 있는 것은 당연하다.

1972년에 황태자에 책봉되어 왕위 계승 1순위인 장남 와치라롱껀 왕자는, 방탕한 사생활과 괴팍한 성격 등으로 국민들의 신임과 존경을 얻지 못하고 있다. 최근 들어 자신의 부정적인 이미지를 바꾸고 황태자로서의 면모를 쇄신하고자 노력하고 있지만 그다지 성과를 거둘 수

와치라롱껀 왕자(왼쪽)와 씨린턴 공주(오른쪽) (출처: www.manager.co.th)

있을 것 같지는 않다.

아버지 푸미폰 국왕의 국민 복지 사업을 돕고 연구 활동에 평생을 바쳐 온 차녀 씨린턴 공주는, 1974년 헌법 개정으로 역시 후계자로 왕위 계승이 가능한 공주로 책봉되었다. 그러나 우선 순위를 따지자면 황태자가 왕위를 물려받을 수 없는 상황의 경우 황태자의 직계손을 먼저 고려하게 되어 있으므로, 와치라롱껀 왕자의 아들이 왕위를 물려받을 수 있는 가능성도 배제할 수는 없다. 그러나 자손들 중 누가 왕위를 물려받더라도 푸미폰 국왕을 향한 만큼의 존경과 사랑을 태국 국민들로부터 얻어내기는 어려울 것이라는 점은 분명해 보인다.

ps. 이 책의 인쇄를 바로 앞두고 푸미폰 국왕의 서거 소식을 접했다. 지병으로 오랜 기간 투병을 해온 터라 어느 정도는 예견된 일이었지만, 푸미폰 국왕의 서거는 태국인들에게 큰 충격과 깊은 슬픔을 안겨주었다. 이로써 역사상 최장 기간인 재위 70년을 누린 푸미폰 국왕의 시대는 끝났다. 서거 소식을 접하고 이 책에 포함된 푸미폰 국왕에 대한 내용을 전면적으로 수정해야 하는가에 대해 깊이 고민했지만, 역사와 문화의 흐름 속에서 국왕 생전의 태국이 가졌던 모습과 여러 고민들 또한 기록으로 남겨둬야 한다는 점을 고려해서 그대로 두기로 결정했다. 앞으로 일어날 수 있는 푸미폰 국왕에 대한 재평가와 왕실의 변화상 등은 향후 과제로 남긴다. 태국을 전공하는 학자로서 저자들은 푸미폰 국왕의 명복을 진심으로 기원한다.

5
요일별 색깔, 노랑 vs 빨강

"이 차는 녹색입니다" 스티커가 붙은 베이지색 차

한번은 길을 가다가 고개를 갸우뚱하게 만드는 스티커가 붙은 차를 보았다. 분명 차는 베이지색인데, "이 차는 초록색입니다"라는 스티커가 붙어 있었다. 그러고 보니, 택시 중에도 실제 차 색깔과 다른 색이라고 명시하는 스티커가 붙은 차가 종종 눈에 띄었다. 의아한 생각이 들어 태국인 친구에게 물어보니, 자신에게 더 좋은 운을 가져다 줄 수 있는 색깔인데 차를 그 색으로 바꿀 수 없으니 글씨로라도 써둔다는 것이다.

색에 대한 태국인의 믿음은 점성학에서 기인하는 것으로 보인다. 즉 힌두교적 믿음을 바탕으로 태국인들은 각각의 요일 행성 즉, 해, 달, 화성, 수성, 목성, 금성, 토성에 해당하는 신이 있다고 믿고, 그 신이 대표하는 색이 각 요일의 색이라고 여긴다. 즉, 일요일-빨강, 월요일-노랑, 화요일-분홍, 수요일-초록, 목요일-주홍, 금요일-연청(하늘색), 토요일-보라색 등이 바로 그것이다. 또한 각각의 색깔은 특별한 의미를 갖

베이지색 차에 "이 차는 초록색입니다"라는 스티커를 붙였다.
색에 대한 태국인의 믿음을 단적으로 드러내는 예다

기도 하는데, 빨강은 부를 상징하고, 노랑은 권위와 신뢰, 분홍은 사랑과 우정 및 균형을, 초록은 발전과 생명력을, 주홍은 희망과 충만을, 연청은 평화와 꿈을, 그리고 보라는 번영을 상징한다고 믿는다. 실제로 한번은 방콕에서 점을 보러 갔는데 태어난 연월일과 요일을 물어보기에 요일은 모른다고 했더니, 태어난 요일을 모르는 사람도 있냐며 되려 의아해해서 당황한 적이 있다. 우리는 사주 역학에 기반하여 점을 보지만 태국 역술가는 별자리로 점을 보는 것이 대부분이다.

푸미폰 국왕 상징색이 노란색인 이유

점성학과 요일 색에 대한 믿음은 삶의 아주 소소한 부분부터 큰 부분에 이르기 까지 두루 영향을 미친다. 작게는 앞서 말한 바와 같이 소유물의 색을 자신의 탄생 요일 색과 맞추는 것이고, 또 시기별로 운세의 오르내림에 따라서 자신이 부족한 부분을 상징하는 색을 통해 그러한 부분을 보완하는 경우도 있다.

왕가의 개인 문장(紋章)에서도 이러한 색에 대한 믿음을 볼 수 있다. 예컨대 푸미폰 국왕의 문장을 보면, 노란색 바탕색의 깃발에 왕관이 그려져 있고, 아래에 푸미폰 국왕의 이름 약자(ภ.ป.ร., มหาภูมิพลอดุลยเดช ปรมราชาธิราช의 약어)가 원 모양의 그래픽으로 새겨져 있는데, 노란색이 사용된 이유는 혹자들이 오해하는 바처럼 황금색을 상징하는 것이 아니라 푸미폰 국왕이 태어난 월요일의 색깔을 사용한 것이다.

마찬가지로 금요일에 태어난 씨리낏 왕비의 개인 문장은 하늘색 깃

푸미폰 국왕의 문장기

발이며, 와치라롱껀 황태자는 아버지 푸미폰 국왕과 같이 월요일에 태어났으므로 노란 바탕에 표기된 이름의 약자가 다른 깃발이고, 둘째 공주인 씨린턴 공주는 토요일에 태어나 보라색 문장을 사용한다. 이러한 왕가의 개인 문장은 각종 공식 행사에서 사용되거나 장식된다. 요일별 색상에 대한 태국인들의 믿음을 그대로 드러내 주는 예이다.

"노랑"과 "빨강"의 갈등

2014년 5월 또 한번의 군부 쿠데타로 잠잠해 지기 전까지, 태국에 관하여 들려오는 뉴스는 주로 정치적 갈등과 소요 사태에 관한 것이었다. 속칭 "레드셔츠(쓰아댕, เสื้อแดง)"와 "옐로셔츠(쓰아르앙, เสื้อเหลือง)"의 갈등으로 불리는 친탁씬 세력과 반탁씬 세력간의 갈등이 본격화된 것은 2006년 군부 쿠데타 이후로 볼 수 있다.

탁씬 친나왓 전 총리 1기 집권 말기인 2005년 말부터 쏜티 림텅꾼을 필두로 한 반탁씬 세력의 집회가 이어졌다. 이어 2006년 초에 들어 통신사인 "친코퍼레이션"의 지분을 싱가폴 국영투자기구인 테마섹에 매각하면서 탁씬에 대한 국민적 반감이 증폭되어, 부정 비리와 왕실 모독 등의 이유로 탁씬을 반대하는 세력의 수가 급격히 증가하였고 반정부 집회 규모도 점차 커졌는데, 당시 반탁씬파가 입고 나온 옷이 바로 노란 셔츠, "옐로셔츠"였다. 탁씬 전 총리의 왕실 모독을 정치적 프레임으로 끌어들이기 위한 전략이자 반탁씬파의 정체성인 왕정파를 암시하도록 노란색을 사용한 것이다.

옐로셔츠와 레드셔츠의 대립된 모습(출처: chaoprayanews.com, tartoh.com)

그러다가 2006년 9월 19일 군부 쿠데타 발생 후 2007년 새로 실시된 총선에서 다시 친탁씬계 정당이 승리하면서 2008년 5월부터 또다시 반탁씬 시위가 다시 심화되었는데, 이와 함께 반탁씬 세력에 반하는 친탁씬 세력들이 태동하였다. 친탁씬 세력은 집회에 붉은 셔츠 즉, "레드셔츠"를 입고 모였는데, 사실 탁씬 전 총리가 이끌던 정당인 "프아타이"당의 상징색이 붉은 색이기도 했지만, 왕실이 상징하는 기득권 세력에 대한 반대라는 이미지를 극대화하기 위하여 태국국기에서 "국민"을 상징하는 색인 붉은 색을 선택한 것으로도 볼 수 있다. 일부 군인들은 겉으로는 녹색 군복을 입고 있지만 안에는 붉은 티셔츠를 입은 친탁씬 파로, "겉은 녹색이고 속은 붉다" 하여 "타한땡모 (ทหารแตงโม, 수박군인)"로 불리기도 했다.

2008년 하반기에 들어 친탁씬과 반탁씬 세력간의 무력 충돌이 발생하여 비상사태가 내려졌고 반탁씬 세력들은 정부 청사와 공항 등 공공시설을 점거하며 시위를 이어갔다. 그리고 2008년 12월 헌법재판소가 선거법 위반으로 집권당 해체를 선고하면서 민주당이 연정으로 정권을 잡게 되었고, 정치 활동이 금지된 탁씬계 정당 의원들이 친탁씬 집회에 합세하면서 "레드셔츠"의 활동이 본격화되었다. 이듬해 4월에는 파타야에서 열린 "아세안+3" 정상회의에서 "레드셔츠"들이 회의장에 난입하며 급기야 정상들이 헬기와 스피드보트로 회의장에서 탈출을 하게 되는 상황에 이르게 되었다. 10만 여행객의 발을 묶은 국제공항 점거부터 시내 유명 백화점 방화, 국제회의장 난입까지, 10여년에 걸친 친탁씬과 반탁씬 세력의 충돌의 비화들은 그야말로 태국의 "레드"와 "옐로"의 상상을 초월하는 집단 행동을 세계에 단단히 각인시킨 초유의 사건들로 사람들의 기억에 남아 있다.

예전에 태국인들은 요일에 해당하는 색의 티셔츠를 즐겨 입었다. 그래서 거리 사람들의 옷 색깔을 보면 요일을 짐작할 수 있었을 정도이나. 그러나 이러한 "노랑"과 "빨강"의 갈등으로 그러한 현상이 없어졌다. 한 해 백만을 넘는 한국인 관광객이 태국을 찾는 시대이다. 집회가 열리는 지역이나, 특정 세력이 우세한 지역에서 특정 색의 티셔츠를 입는 것, 예컨대 친탁씬 우세 지역인 북부에서 노란 셔츠를 입는다든지, 민주당 우세지역인 남부에서 빨간 셔츠를 입는 등의 행위는 의도치 않게 오해를 불러 일으킬 수 있음을 유념할 필요가 있다. 현재까지도 그야말로 정치"색"을 드러내는 것을 꺼리는 태국사람들의 모습에서 정치적 갈등의 긴장감이 해소되지 않고 있는 태국 사회의 한 단면을 볼 수 있다.

6
태국인의 금기

문화에 따라 형식과 내용이 달라지는 금기

한국인이라면 누구나 어려서부터 빨간색으로 이름을 쓰지 마라, 문지방을 밟아서는 안 된다, 북쪽으로 머리를 두고 자지 마라 등의 말을 자주 들으며 자랐을 것이다. 빨간색으로 이름을 쓰지 말라고 한 것은 호적상에 죽은 이의 이름을 빨간색 펜으로 기재한 것에서 연유한 것이고 문지방을 밟지 말라는 말은 옛날에 한국의 전통 가옥에서 문지방이 높아 밟고 지나다니게 되면 위험하니까 금기시하던 것을 후에 문지방에 지박령이 있으므로 밟아서는 안 된다는 의미가 더해진 것으로 보인다. 그리고 북쪽으로 머리를 두고 자지 말라고 한 것은 북쪽에 귀신이 있기 때문이라고도 하고 풍수지리학적으로 북쪽은 음기에 해당되어 죽음을 의미하기 때문에 명이 짧아지기 때문이라고도 한다.

이러한 금기는 형식과 내용은 조금씩 달라도 어느 사회에서든 있게 마련이다. 얼마 전에 태국인 교수가 필자의 연구실로 찾아와 이야기를

필자인 정환승 교수 연구실 사진

나눌 기회가 있었다. 그때 연구실 책장에 태국 친구로부터 선물로 받은 불상과 졸업식에서 공주로부터 학위를 수여 받을 때 찍은 사진, 그리고 태국의 삼륜차인 뚝뚝 모형 등이 놓여 있었는데 태국인 교수가 그것들을 보더니 나에게 양해를 구하고 다시 진열을 하기 시작했다. 불상을 맨 위칸에 올려 놓고 그 아래 스님상 그리고 공주가 있는 사진을 그 아래 칸으로 내리고 맨 아래칸에 일반 물품을 올려 놓았다. 진열을 마치고 그 교수는 태국 문화에서 부처와 승려가 국왕보다 위에 있다는 것과 이를 어기는 것은 태국 문화에 어긋난다는 것이라고 설명해 주었다. 말하자면 불상이나 스님 상보다 위에 다른 사진이나 모형을 올려 놓는 것은 태국 사회에서 금기시되고 있는 것이다.

인간은 살면서 특정한 행동을 피하거나 어떤 대상에 대한 접근을 꺼리는 것이 있는데 이러한 것들이 그 지역 사람들의 삶과 문화와 관련하여 금기로 규정되고 후대에까지 이어져 내려오게 된 것이다. 따라서 금기는 문화와 지역에 따라 다른 점이 있는가 하면 공통적으로 나타나는 것도 있다.

앞에서 이야기한 문지방을 밟지 말라는 금기는 태국 문화에서도 똑같이 나타난다. 그러나 잠을 잘 때 머리를 두지 않는 방향이 한국은 북쪽이지만 태국에서는 서쪽이다. 태국문화에서 서쪽은 귀신이 자는 방향이기 때문에 명이 짧아진다고 한다. 그러나 실제로는 아침 해가 동쪽에서 뜨는 까닭에 서쪽에 머리를 두고 자게 되면 해가 뜨는 것을 모르고 늦잠을 자게 되기 때문이라고 한다. 태국은 열대몬순 기후이며 불교 국가이기도 하다. 기후나 종교 또는 민간신앙은 의식주 문화를 기반으로 한 일상생활과 관련된 금기가 형성되는 과정에 매우 중요한 역할을 한다. 따라서 태국의 사회와 문화에서 나타나는 금기는 한국과 유사한 점도 있지만 다른 점도 상당히 많다.

금기를 지키는 일상생활

의복 문화에서 나타나는 금기를 보면 태국인들은 집 앞쪽에 빨래를 널지 않는다. 예로부터 집 앞에 빨래를 넓게 되면 복이나 행운이 집으로 들어오지 못하고 오히려 나쁘고 사악한 것들이 집안으로 들어와 집안 사람들의 삶을 해친다고 믿기 때문이다. 이런 금기가 생겨난 이유는 집 앞에 빨래를 넓게 되면 밖을 볼 때 시야를 가리고 외부에서 손님이 올 때 불편하기 때문일 것이다. 또한 속옷과 같은 남들이 보기에 민망한 빨래도 있기 때문에 이를 금한 것으로 보인다. 또, 스님상을 목에 건 사람은 빨랫줄 아래로 몸을 숙이고 지나가면 안 된다. 만약 그렇게 하면 정신이 이상해져 미친 사람이 된다고 한다.

스님상은 태국 문화에서 높이 받들어 모시는 성물인데 빨래 밑으로 통과되는 것은 곧 불경하다는 생각에서 금기 시한 것일 것이다. 앞서 소개한 태국인의 "티땀(ที่ต่ำ, 낮은 곳)", "티숭(ที่สูง, 높은 곳)" 의식은 이렇듯 생활 곳곳에 적용된다. 또, 시신을 화장하는 장례식날 빨래를 해서는 안 된다. 태국인들은 옷에도 사람의 영혼이 머무르고 있다고 믿는데 그날 빨래를 해서 널어놓게 되면 죽은 사람의 영혼이 와서 옷 주인의 영혼을 데려간다고 한다. 이는 장례식 날 개인적인 가사일을 하는 것보다는 장례식에 참석하여 유족을 위로하고 고인의 명복을 빌도록 하는 의도에서 비롯된 것으로 보인다.

음식문화에 있어서도 금기는 다양하게 나타난다. 태국인들은 식사를 하다가 바닥에 떨어진 음식은 먹지 않는다. 바닥에 떨어진 음식은 귀신의 몫이라고 생각한다. 만약 바닥에 흘린 음식을 먹게 되면 그 동안 제대로 먹지 못했던 귀신들이 화가 나 산 사람을 괴롭히거나 해친다는 것이다. 이는 바닥에 떨어진 것을 먹게 되면 병균에 감염될 수 있으므로 위생교육 차원에서 생겨난 금기로 보인다. 또 태국인들은 저녁밥을 먹을 때 솥에 있는 밥을 다 먹지 않고 조금 남겨둔다. 만약 다 먹게 되면 그 집의 재물도 같이 없어져 가세가 기울어진다고 믿는다. 또한 저녁 밥을 남겨 두지 않으면 집안의 귀신이 먹을 것이 없어지기 때문에 그 귀신에 대한 배려로 조금은 남겨두어야 한다는 것이다. 아마도 무엇이든 다 없애지 말고 조금은 절제해야 한다는 교훈을 금기 형태로 가르치고 있는 것으로 보인다.

귀신 눈치보는 금기 문화

태국 사회에서 금기는 귀신과 관련된 것이 많다. 마치 태국의 귀신은 사람과 더불어 사는 듯하다. 태국 문화 속에서 식사 시에 그릇을 두드리거나 부딪쳐 소리를 내어서는 안 되는데 이는 그릇이 부딪히는 소리를 듣고 귀신이 와서 밥을 빼앗아 먹는다고 믿기 때문이다. 그래서 식사할 때 자신도 모르는 사이에 밥그릇 속의 밥이 빨리 줄어든다고 한다. 아마도 그릇이 깨지거나 이가 빠지는 것을 방지하고 얌전하게 식사하도록 가르치기 위해 생겨난 금기가 아닐까 생각된다.

주거문화에 있어서 태국인들은 집을 지을 때 삼거리 모퉁이에 짓지 않는다. 태국인들의 믿음 속에 삼거리는 나쁜 귀신들이 다니는 통행로이며 귀신들이 모이는 장소이기도 하다. 그래서 만약 삼거리에 집을 짓게 되면 이런 잡귀들이 몸에 들어와 병을 앓게 하거나 집안 사람들을 괴롭혀 불행하게 만든다. 이런 금기는 아마도 삼거리가 여러 가지 위험 요소를 안고 있는 지점으로 인식하여 이를 금지시키기 위한 것으로 보인다. 사실 도둑이 들어와 물건을 훔치다 발각 돼도 도망갈 길이 여럿 있는 곳이 바로 삼거리다. 또한 집을 지을 때 그루터기 위에 짓지 않는다. 그루터기 위에 집을 짓게 되면 그루터기에 안주하고 있던 귀신이 집안 사람을 괴롭혀 병들게 하거나 좋지 않은 일을 당하게 한다고 하는데 아마도 그루터기에 새싹이 나서 가지가 자라게 되면 나중에 문제가 될 소지가 있으므로 사전에 방지하기 위한 생각에서 만들어 낸 말이 금기로 발전한 것으로 보인다.

또 사람이 죽게 되면 시신을 계단으로 옮기지 않는다. 이는 죽은 사람의 영혼이 길을 기억하여 되돌아오는 것을 막기 위함이다. 태국인들의 믿음으로는 사람이 죽게 되면 다른 곳으로 가서 다시 태어나야 한다. 그런데 계단으로 시신을 옮기게 되면 고인의 영혼이 집으로 오는 길을 기억하게 되고 그래서 돌아와 가족이나 친인척들과 함께 있고 싶어하거나 남겨 놓은 재물을 돌보며 떠나가지 않으려 한다는 것이다. 이러한 금기가 정해진 이유는 옛날에 사람이 죽게 되면 시신을 방부제

처리하지 않고 장사를 지냈던 까닭에 계단으로 관을 운반하게 되면 기울어져서 시신이 썩은 물이나 향수 등이 흘러내렸기 때문이다. 오늘날 방부제로 처리하여 별문제 없지만 옛날부터 금기시되어 온 것이라서 아직도 시신을 운반할 때 계단으로 하지 않고 집 옆쪽의 공간을 이용하는 경우가 많다.

태국의 사회와 문화 속에서 어떤 금기는 아직까지 이어져 내려와 지켜지고 있는 것이 있는가 하면 어떤 것은 뚜렷한 근거나 이유를 알 수 없을 정도로 의미가 퇴색되어 잊히고 사라져가는 것도 있다. 다양한 형태로 존재하는 금기는 사람이 살아가면서 위험을 피하고 평온한 삶을 누리고자 하는 욕망에서 생겨난 것이다. 그래서 금기를 무턱대고 받아들이거나 혹은 그냥 부정해버리기보다는 그 속에 담겨 있는 조상의 지혜와 문화적 의미를 들여다보는 것이 더 뜻 있는 일일 것이다.

III

타이족, 태국어, 태국문자

1
타이족과 태국어

- -

다양한 민족이 어우러져 세운 나라, 태국

동남아시아는 수많은 종족들이 각자의 언어와 종교 그리고 문화를 가지고 살아가는 다종족·다언어·다문화 사회이다. 이런 동남아시아의 다양성은 문화인류학자들에게 매력적으로 느껴질 수 밖에 없다. 그래서 흔히 동남아시아를 가리켜 문화인류학자들의 천국이라고 한다. 동남아시아를 돌아다녀보면 모두 외모가 비슷해 보이지만 신체적 특징과 피부색 등을 조금 더 자세히 관찰해보면 구별할 수 있는 눈이 생긴다. 인도차이나 반도의 구성원 대부분을 차지하고 있는 타이족의 특징 또한 어렵지 않게 포착할 수 있다.

본래 타이족은 중국 남쪽의 황하강과 양자강 유역에 살고 있었던 것으로 전해진다. 이때 북부지방의 만리장성 부근 황하강 상류지역에 살던 타이족을 "룽(ลุง)"이라고 불렀으며, 남쪽의 사천성 부근에 살던 타이족을 "빠(ปา)"라고 불렀다. 5,000년 전 중국인들이 동쪽으로 이동

태국 북부에 거주하고 있는 고산족의 모습. 사진은 까리양(카렌)족

함에 따라 타이족을 침략하게 되고 타이족들은 다시 남쪽으로 내려오게 되었다. 타이족들은 운남성, 귀주성, 광서성, 광동성 등에 흩어져 여러 독립국가를 건설하였는데 이들을 "아이라우(อ้ายลาว)"라고 불렀다.

이러한 타이족의 남하는 일시에 이루어진 것이 아니었다. 여러 집단으로 나뉘어 조금씩 그리고 서서히 이루어졌다. 현실 상황에 만족하는 집단은 남고 자유를 원하는 집단은 이동하다가 적당한 장소라 생각되면 그 자리에 정착했다. 땅은 넓고 인구는 많지 않던 시대라서 외부에서 이민족이 유입되면서 생겨나는 갈등이 없었던 것이다.

타이족의 일부가 남쪽으로 이동하여 현재 베트남과 라오스 북부 지방의 매콩강(แม่น้ำโขง)유역으로 들어 왔는데 이들을 "타이너이(ไทยน้อย)"라고 불렀다. 이들이 후에 타이 북부의 "란나국(ลานนา)"으로 들어 왔으며 그 세력을 점차 넓혀 짜오프라야강 유역과 그 아래 지방은 물론 말레이 반도에까지 이르는 광활한 영토를 갖게 되었다. 이들 타이너이족이 바로 오늘날 태국인의 조상이다.

오늘날 우리가 이야기하는 태국문화가 그 모습을 갖추게 된 것은 13세기 후반이다. 이 시기에 타이족은 부족국가 형태에서 고대국가 형태로 성장하게 되었으며 짜오프라야강 유역의 새로운 권력중심을 형성하게 되었는데 그것이 바로 쑤코타이 왕국이었다. 쑤코타이는 람캄행 대왕 시대(1279~1299)에 이르러 정치적 번영을 누렸다. 상좌부 불교를 받아들여 왕실과 백성 모두 같은 종교로 믿게 되었으며 "라이쓰타이"라고 불리는 태국문자가 만들어졌다. 그리고 다른 지역이나 국가와 차별되는 독특한 형식의 태국 예술이 모습을 드러냈다. 오늘날 우리가 이야기하는 "타이"의 정체성이 형성된 것이 바로 이 무렵이다.

태국어의 계보와 특징

일반적으로 태국어를 비롯한 성조어는 대개가 주어 – 동사 – 목적어의
어순을 갖는 SVO 형의 구조를 갖고 있으며 음절구성에 있어서는 (C)
CV(V)(C) 의 형태를 띠고 있다. 타이제어를 어휘적 기준(Lexical items)
에 근거하여 분류해보면 오늘날 태국에서 사용하는 언어는 동남부 그
룹으로 분류되는데 이는 미얀마 동부와 라오스, 인도의 앗쌈 등에 분
포되어 있는 언어로 타이(Thai), 라오(Lao), 산(Shan), 흑타이(Black Tai),
아홈어(Ahom) 등도 이에 속한다. 한편 어족의 분류에 있어서는 일부
학자들은 태국어가 중국어와 친족관계가 깊다고 보고 중국어와 같이
시노-타이어(Sino-Tai)족으로 분류한다. 그러나 어떤 학자들은 태국어
가 까다이어와 인도네시아어와 친족관계가 깊다고 보고 오스트로-
타이(Austro-Tai)에 속하는 타이-까다이-인도네시아어(Tai-Kadai-
Indonesian) 그룹으로 분류하기도 한다.

태국문자의 고안과 발전 과정

타이족이 세력을 넓힌 인도차이나 반도는 인도와 중국을 연결해주는
지정학적 위치로 인하여 일찍이 인도의 영향을 받게 되었다. 동남아시
아는 땅이 기름지고 강수량이 풍부하여 쌀농사가 발달하였다. 그리

하여 인도와의 교역이 이루어지고 5세기경에는 인도화된 왕국이 동남아 각지에 출현하게 되었다. 인도인들이 동남아 지역에 정착촌을 건설하고 인도의 지식층과 승려들이 이곳에 이주하여 동남아 각 지역의 정치, 경제, 문화 등 각 분야에 큰 영향을 미치게 되었는데 이러한 과정 속에서 인도의 산스크리트문자와 종교의식, 건축과 조선술 등이 동남아시아에 전파되었다. 인도의 고대 문자는 크메르문자에 영향을 주고 크메르문자는 다시 태국문자를 만드는 과정에 영향을 주게 되었다.

1283년 쑤코타이 왕조의 3대 왕인 람캄행 대왕은 크메르문자를 모방하여 태국어를 표기하는 데 적합한 태국문자를 만들어냈다. 이후 팔리어와 산스크리트어를 비롯한 외국어의 유입으로 태국어에 어휘 차용이 급격하게 늘어나게 되는데 이는 태국어의 표기체계와 소리체계에도 적지 않은 영향을 미쳤다. 우선은 한 소리 한 글자의 원칙을 벗어나 같은 음가를 지닌 자음이 여럿 생겨나게 되었다. 우리 말의 [ㅊ] 음가를 지닌 태국어의 자음은 3개이며, [ㅆ]음가를 지닌 자음은 4개이고 [ㅋ]의 음가를 지닌 자음은 5개, 그리고 [ㅌ]의 음가를 지닌 자음은 6개에 달한다.

자모음의 표기는 초기에는 모음의 대부분을 자음 앞에 일직선상에 적었으나 쑤코타이 왕조 6대왕인 리타이왕(1354~1376) 시대에 와서 현재와 같이 모음을 자음의 앞뒤, 위아래에 표기하여 음절을 이루는 형태로 바뀌었다. 태국문자는 아유타야 시대 이전까지는 자음이 37자 모음이 13자였으나, 나라이왕(1657~1688) 시대에 이르러 자음 7자와 모음 8자가 첨가되고 현 짝끄리 왕조에 들어서면서 성조부호도 1성과

태국문자를 고안한 쑤코타이 람캄행 대왕 동상.
쑤코타이 역사 공원

4성 부호에 2성과 3성 부호가 더 추가되었다.

태국문자에서 많은 수의 자음을 사용함으로써 외래어인 팔리어나 산스크리트어, 중국어, 기타 유럽어 계통의 어휘를 고립어인 태국어 음운구조에 맞게 조절하여 표기할 수 있고, 표기된 단어의 형태를 보고 의미를 파악하거나 유추하는 데 용이하다는 장점을 지녔으나, 반면에 형태와 소리가 반드시 일치하지 않아 읽기 어려운 단어가 많이 생겨났다.

태국이 근대화 과정을 거치면서 언어정책에도 변화가 있었다. 라마 6세 때 이르러 민족주의가 태동하고 태국을 유럽 선진국처럼 발전시켜야 한다는 기운이 팽배하던 시절에 피분쏭크람이 주축이 되어 태국어의 순화와 간소화 정책이 시행되었다. 우선 팔리 산스크리트어 계통의 어휘를 순수 태국어로 대체시키는 작업과 구문일치 운동이 일어났다. 그리고 표기 간소화 정책에 따라 44개의 자음과 32개의 모음을 32개의 자음과 27개의 모음으로 줄였다. 그러나 2차 세계대전 이후에 본래의 형식으로 회귀하면서 오늘날의 자음 42자와 모음 30자가 남게 되었다.

울면서 시작하고 웃으면서 배우다 울면서 끝내는 언어

태국어는 한국인이 배우기 어려운 언어라고 생각하는 사람들이 많다. 언어학자들이 외국어의 학습 난이도를 조사한 결과를 보면 한국어와 일본어는 가장 배우기 어려운 언어로, 스페인어와 불어 같은 유럽어가

ประเทศไทยรวมเลือดเนื้อชาติเชื้อไทย

เป็นประชารัฐ ไผทของไทยทุกส่วน

อยู่ดำรงคงไว้ได้ทั้งมวล

ด้วยไทยล้วนหมายรักสามัคคี

태국문자로 쓴 태국 국가의 앞부분 가사. 그림처럼 아름다운 필기체를 볼 수 있다

배우기 쉬운 언어로 분류된다. 그런데 태국어는 힌디어나 러시아어와 같이 중간 정도의 학습 난이도를 가진 언어로 분류되고 있다. 이 조사는 영어권 학습자를 기준으로 한 것으로 선뜻 동의하기 어려운 부분이 있다.

한국인 학습자를 기준으로 조사한 바는 없지만 흔히들 영어는 웃으면서 시작하여 울면서 끝내고 독일어는 울면서 시작하여 웃으면서 끝낸다고 하는 속설이 있다. 이 속설에 하나를 더하자면 태국어는 아마도 울면서 시작하여 중간에서 웃다가 끝에 가서 다시 울면서 배우는 언어가 아닌가 생각된다. 한국인 학습자의 입장에서 보면 태국어는 자모음 수가 많고 까다로운 성조 규칙이 있어 초기에 배우기가 매우 어려운 것이 사실이다. 그러나 태국어는 고립어라서 어형의 변화가 없고 따라서 문법이 매우 단순하다. 그래서 생활 속에 필요한 대화를 익히기에는 생각보다 쉬운 면이 있다. 그렇지만 조금 더 깊이 공부하자면 태국어 속에 팔리어와 산스크리트어 등에서 차용한 어휘가 많아 읽기 어렵고 배우기 까다로워, 일정 수준을 넘어 경지에 이르기까지는 상당한 노력과 시간이 필요한 언어다.

2
태국어와 인접국 언어

태국어의 형제 언어 라오스어

태국은 동쪽으로 캄보디아, 남쪽으로 말레이시아, 서쪽으로 미얀마, 북쪽과 북동쪽으로 라오스와 접하고 있다. 인접국끼리는 아무래도 이해관계가 엇갈리고 전쟁을 자주하면서 애증의 역사를 갖게 된다. 태국과 인접국 간에도 여러 가지 마찰과 갈등이 있었다. 이런 과정 속에서 문화의 전파와 언어접촉을 통해 문자의 창제와 모방 그리고 소리변화나 어휘차용 등이 이루어졌다.

태국어와 가장 유사한 인접국 언어는 라오스어다. 라오스는 국토의 넓이가 한반도와 거의 비슷하지만 인구는 640만 명에 불과하다. 국토의 75퍼센트는 산악지대이며 농사를 지을 수 있는 경작지는 메콩강 유역을 중심으로 한 3퍼센트밖에 지나지 않는다. 이러한 척박한 환경으로 인해 1인당 GDP는 1,600불 정도이다. 라오족은 타이족의 한 분파로, 해발 1,500미터 이상의 고산지대에 사는 라오쑹족과 해발 500미터

중국

방글라데시

인도

미얀마

라오스

태국

필리핀

베트남

말레이시아

■ 타이까다이어족

타이까다이어족의 분포도

라오스 루앙프라방의 학교. 라오스문자는 태국문자와 매우 비슷해서 자세히 들여다보면 유추가 가능하다

이상의 구릉지대에 사는 라오퉁족, 그리고 저지대에 사는 라오땀족으로 구성되어 있는데 이중 라오땀족이 전체 인구의 68퍼센트를 차지하고 있다. 동쪽으로는 베트남과 국경을 접하고 있고 서쪽으로는 태국과 국경을 접하고 있다. 라오족이 사용하는 언어를 라오어라고 한다. 그런데 라오어는 태국어의 한 방언이라고 보아도 될 만큼 태국어와의 비슷한 점이 많다.

태국어는 중부 방언, 남부 방언, 북부 방언, 그리고 북동부 방언 등 네 가지의 방언이 있다. 그런데 이 중에서 북동부 방언은 지리적으로 인접해 있는 라오스어와 매우 유사하다. 역사적으로 태국의 북동부 16개 주에는 주로 라오스에서 이주한 사람들이 많이 살고 있는 까닭이다. 오늘날 태국과 라오스는 메콩강을 사이에 두고 서로 이웃하고 있다. 두 나라 사이엔 지난 1994년 4월 8일 메콩강을 가로질러 태국의 넝카이주와 라오스의 비엔티엔을 이어주는 "우정의 다리"가 처음 개통된 이래 5개의 다리가 더 건설되었다. 이로 인해 두 나라의 간격은 더욱 좁아지게 되었다.

태국과 라오스는 정치적으로는 별개의 국가이지만 언어와 문화적으로는 같은 나라라고 해도 지나친 말이 아니다. 실제로 태국을 거쳐 라오스를 가보면 국경을 넘어왔다는 느낌이 별로 들지 않는다. 우선은 눈에 들어오는 거리의 간판이나 도로 표지판 등에서 두 나라 문자의 닮은 꼴을 발견할 수 있다. 태국어를 전공하는 사람 입장에서 얼핏 보면 태국문자 같은데 무엇인가 조금 더 단순화되거나 아니면 멋을 내기 위해서 흘려 쓴 것 같다는 생각이 든다. 또, 자동차 안에서 들려오는

라오스의 수도 비엔티엔의 빠뚜싸이.

태국식 발음으로는 쁘라뚜차이로 발음하며 '승리의 문'이라는 의미는 동일하다

라디오 소리나 음식점에서 보는 텔레비전에서 흘러나오는 소리도 태국어는 아니지만 상당 부분이 귀에 들어온다. 거리에서 행인을 붙잡고 길을 물어봐도 별 어려움 없이 의사소통이 가능한 곳이 바로 라오스이다.

라오스문자는 태국문자와 마찬가지로 고대 인도문자를 모체로 하여 만들어졌다. 태국의 학자들은 라오스문자를 태국문자의 한 변용으로 보는 반면에 라오스 학자들은 태국문자와 달리 라오스문자는 람캄행 대왕 이전부터 사용하던 문자를 발전시켜 만든 것이라고 주장한다. 라오스문자는 그들의 언어정책에 따라 한 소리 한 글자 원칙에 충실하게 만들었다. 같은 음가를 가진 자음은 대표 자음 하나로 표기하는 방법으로 자음 수를 줄이고 표기체계를 간편화시켰다. 또한 사회주의 과정을 거치면서 경어체계도 많이 단순화되었다. 현재 사용되고 있는 라오스문자는 자음이 26자이며 모음은 단모음 28자로 구성되어 있다. 표기체계의 변화로 라오스어는 태국어에 비해 읽기는 쉬워졌지만 동음이의어나 동형이의어가 많이 생겨나 글자의 형태로 뜻을 짐작하는 데에는 어려움이 많아졌다.

몰락한 제국의 언어 크메르어

캄보디아는 9~13세기에 동남아에서 가장 앞서가는 문화 강국이면서 군사대국이었다. 당시의 크메르 제국의 수도였던 앙코르에 세워진 앙코르와트는 우리에게 가장 잘 알려진 유적지이다. 1432년 아유타야가

캄보디아의 미소라 불리는 바이욘

크메르 왕국을 침략하자 수도를 프놈펜으로 옮기고 서서히 몰락의 길을 걷게 되었다. 근대에 이르러 캄보디아는 1970년대 전쟁과 혁명 등 혼란의 시대를 살면서 미국의 무차별 공습과 크메르루주군에 의한 대량학살로 80만~100만 명이 죽는 "킬링필드"를 겪은 비운의 나라다. 국토 면적은 18만 제곱킬로미터로 한반도 보다 작고 인구는 1,500만 명을 약간 웃돈다. 1인당 GDP는 1,000불을 겨우 넘는 수준이다.

캄보디아에서 사용하는 언어는 크메르어인데 오스트로아시아어족에 속한다. 어순이 태국어와 같고 고립어이며 맨 끝 음절에 강세가 주어진다. 고립어이면서도 접두사와 접요사(어간 중간에 삽입되는 접사), 그리고 접미사가 있으며 주변의 태국어나 베트남어와 달리 성조가 없다. 문자는 인도의 고대문자를 바탕으로 서기 600년 경에 만들어졌는데 초기에는 팔리어로 쓰여진 불경을 필사하는 데 사용되었다고 한다.

크메르문자는 자음이 33자 단모음이 27자이다. 캄보디아는 크메르 제국 시절부터 인근 다른 나라들보다 인도의 문화를 일찍 받아들여 선진 제국으로 발전하였다. 발전된 크메르 문화와 불교 문화가 다시 태국과 라오스 미얀마 등지로 전파되었으므로 팔리어와 산스크리트어 계통의 어휘를 이들 언어와 공유하게 되었다. 이 과정에서 크메르문자는 태국문자를 만드는 과정에 큰 영향을 주었다. 그래서 오늘 날 태국문자와 크메르문자 모두 자음의 앞과 뒤 그리고 위아래에 모음을 적는 유사한 표기법을 사용하고 있다.

필자는 일전에 라오스를 거쳐 캄보디아를 간 적이 있는데 크메르문자는 라오스문자와 달리 바로 눈에 들어오지 않았다. 전혀 다른 문자

앙코르와트 유적에 있는 캄보디아 특유 양식의 탑

라고 생각될 만큼 비슷한 점을 발견하기 힘들었다. 그런데 며칠 지나고 보니 어렴풋이나마 크메르문자와 언어가 태국문자나 라오스문자와 유사한 형태가 눈에 들어오기 시작했다. 하루는 호텔 로비에 앉아 있는데 구석 쪽에 소화기가 놓여 있고 크메르문자로 표기해놓은 것이 눈에 들어왔다. 문득 팔리어와 산스크리트어 계통의 어휘들은 발음과 의미가 같을 것이라는 생각이 들어 지나가는 호텔 직원에게 크메르어로 읽어 보라고 했더니 "읍빠껀(อุปกรณ์)"과 "플링(เพลิง)"이란' 말이 귀에 들어왔다. 전자는 '설비'라는 뜻이고 후자는 '불'이라는 뜻이다. 나중에 캄보디아 대학을 방문하면서 태국에서 공부한 캄보디아의 교수에게 태국인이 얼마 정도 공부하면 크메르어를 익힐 수 있겠냐고 물어보니 3개월에서 6개월 정도면 의사소통이 충분히 가능하다고 한다. 짐작한 대로 두 언어간의 유사성이 결코 적지 않음을 확인한 셈이다.

태국과 견원지간인 미얀마어

미얀마는 한반도의 세 배가 넘는 영토에 6,000만 명의 인구가 살고 있는 나라로 버마족이 68퍼센트를 차지하고 있는데 이들이 사용하는 버마어가 공용어이다. 버마어는 1989년 국호를 미얀마로 바꾼 후에 공식적으로 미얀마어라고 부른다.

역사적으로 버마는 아유타야를 여러 번 침략했는데 1547년 전쟁 시에는 아유타야의 마하짝끄라팟 왕의 왕비인 쑤리요타이가 코끼리를 타고 나가 싸우다 전장에서 목숨을 잃었다. 1563년 아유타야는 버

미얀마의 상징, 쉐다곤 파고다

마의 속국이 되지만 후에 나레쑤안 대왕이 당시 일으켜 세워 부흥하였다가 1767년 버마의 침략으로 멸망하였다. 쑤리요타이와 나레쑤안 대왕에 관한 이야기는 최근에 태국에서 영화로 만들어졌다. 오늘날 아유타야에 가보면 목이 잘린 불상들을 많이 볼 수 있는데 대부분 버마와의 전쟁에서 빚어진 비극의 산물들이라고 한다.

미얀마어는 중국·티베트 어족에 속하며 인근 다른 나라의 언어의 어순이 SVO 인 것과 달리 SOV의 어순을 가지고 있어 한국어나 일본어와 문장구조와 문법적 특징이 유사하나 고립어적인 성격도 지니고 있다. 미얀마어 문자는 몬(Mon) 문자에서 유래된 것으로 알려져 있으며 33개 자음과 12개의 모음이 있다. 태국어와 마찬가지로 자음의 앞뒤 또는 위아래에 모음을 표기한다. 미얀마어는 양층 언어로 문어체는 주로 격식체이며 신문이나 방송 등에서 사용되고 구어체는 비격식체로 일상생활의 대화에서 사용된다. 어휘는 주로 단음절어가 많고 차용어는 2음절어가 많다. 불교의 영향을 받으면서 팔리어에서 차용된 어휘가 많이 늘어났는데 오늘날 종교와 예술, 그리고 학문 분야 등에서 널리 사용되고 있다.

태국을 기준으로 볼 때 미얀마어는 언어적 유사성이 라오스어나 캄보디아의 크메르어보다 현격히 떨어진다. 굳이 촌수를 따지자면 라오스어는 형제지간이고 크메르어는 사촌쯤 된다면 미얀마어는 그냥 먼 친척 정도 된다고 할 수 있을 것이다.

라오스 루앙프라방의 아침, 탁발승려의 행렬

3
태국문자

. . . .

태국문자의 기원과 고안

앞서 간단히 소개했던 태국문자에 관하여 조금 더 알아보자. 태국문자는 브라흐미계 문자로, 남인도문자에서 영향을 받은 동남아시아 여러 문자들과 마찬가지로 아부기다 문자로 분류된다. 즉, 자음에 기본적으로 [어] 모음이 들어 있으며 다른 모음 소리를 원하면 모음을 결합하는 식이다. 태국어 학습자가 학습 초기에 겪는 가장 큰 어려움은 바로 다수의 자음과 모음 글자를 익히는 일이다. 자음이 총 42자에 모음이 30자, 그리고 4개의 성조부호와 9개의 고유 숫자, 그 외에도 다수의 특수기호들까지 합하면 100여 개에 달하는 문자를 완전히 익혀야만 까막눈에서 해방되는데, 그 외에도 복잡한 성조 규칙과 예외적인 발음들이 있어 읽고 쓰는 일에 여간 노력을 쏟아야 하는 것이 아니다.

태국문자는 한글보다 160년 빠른 1283년에 고안되었다. "창제"가 아닌 "고안"이라는 표현에서도 유추할 수 있듯이 태국문자는 기존에

쑤코타이 시대의 전성기를 이끈 람캄행대왕(왼쪽 위)과 비문을 제작하는 모습을 표현한 부조

있던 문자를 바탕으로 하여 입말소리를 가장 효율적으로 표기할 수 있는 형태로 재창조된 문자이다. 태국문자를 고안해낸 인물은 람캄행 대왕이다. 태국인 최초의 왕국인 쑤코타이 왕국의 프라루앙 왕조 3대 왕인 람캄행대왕은 상좌부불교를 국가통치 이념으로 한 법왕(法王)으로 영토 확장과 번영을 이루어 쑤코타이 왕국의 황금기를 이끈 왕으로 유명한데, 가장 큰 치적 중의 하나로 단연 태국문자의 고안을 꼽는다. 그 이전까지 태국의 상황은 "나랏말ᄊᆞ미 듕귁에 달아 문쭝와로 서르ᄉ 몯디 아니한" 우리 나라와 마찬가지로, 말은 있었지만 문자가 없어 서쪽에 강성하던 몬(Mon)족의 문자를 빌려 적었던 것으로 전해진다. 이후 13세기 쑤코타이 왕국이 들어서 세력을 확장하면서 기존에 차용하던 몬족의 문자와 크메르문자의 흘림체에서 착안하여 태국문자 체계를 고안해냈다.

람캄행 대왕 비문에 관한 논란

람캄행대왕이 태국문자를 고안해냈다는 것을 알 수 있는 증거는 "람캄행대왕 비문"이라고 불리는 "쑤코타이 1호 비문"이 유일하다. 흥미로운 것은 이 비문의 발견 과정인데, 후에 라마4세가 되는 몽꿋 왕자가 출가를 하여 승려생활을 하고 있던 중 1833년경 지방 주요 도시를 순방하던 차에 고도(古都) 쑤코타이에서 세 개의 비문을 발견하게 된다.

이 중 높이 111센티미터의 사면에 글자가 기록이 되어 있는 정방형 비문이 포함되어 있었는데 후에 1호 비문으로 명명되었다. 이 비문의

쑤코타이1호비문(출처: 위키피디아)

내용을 보니 1면에는 "나의 아버지는 씨인트라텃이고, 나의 어머니는 낭쓰앙이며, 나의 형은 반므앙이다……."로 시작해 1대 왕인 아버지와 2대 왕인 형의 사후에 왕위를 물려받았다는 내용이 기록되어 있다. 이를 통해 비문의 필자가 람캄행대왕임을 유추할 수 있었다. 또한 중반부로 가면 주어가 3인칭으로 바뀌며 람캄행대왕 시기 쑤코타이 왕국의 풍요로움과 각종 풍속이 묘사되어 있다. 여기에는 "라이쓰타이 (ลายสือไทย, 태국문자)"가 없어 1283년에 백성이 편하게 사용할 수 있도록 문자를 만들었다는 내용도 기록되어 있다. 후반부에는 주로 람캄행대왕의 치적과 쑤코타이 왕국의 드넓은 영토와 풍요에 관한 예찬이 주를 이룬다.

시기적으로 보았을 때 가장 최초에 제작된 것으로 유추되는 1호 비문은, 문자 제정의 증거자료로뿐 아니라, 기록 문화가 발달해 있지 않은 까닭에 사료가 절대적으로 부족한 태국 역사 연구에 있어서 쑤코타이 시대를 반영하는 기록물로 인정받고 있다. 하지만 너무나 드라마틱한 비문의 발견 과정은 차치하고라도, 초반부와 중후반부의 서술자 인칭 변화와 문체의 차이, 내용의 시기적 이질성 등의 이유로 1호 비문의 진위 여부에 관한 뜨거운 논쟁이 일었다. 이와 관련하여 여러 차례의 학술회의가 개최되고 연구결과가 저서로 출간되는 등 학자들 간 열띤 논쟁이 일었고 일각에서는 여전히 진행 중이다.

태국문자의 우수성과 진화

태국문자로 기록된 1호 비문 이전의 비문이나 문서가 발견되지 않은 까닭에, 태국 역사학계 주류가 인정하는 현재의 사료를 기준으로 본다면, 1283년 태국문자 체계의 정립은 언문의 일치를 이루어낸 획기적인 사건이다. 당시 남인도계 문자를 수용한 다른 나라 문자의 경우 자신들의 말소리를 제대로 표기해 내지 못하고 문맥을 고려하여 여러 가지로 읽어야 하는 불편이 있었다. 이에 비해 태국문자는 발음되는 모든 모음소리를 제대로 기록할 수 있고 네 개의 성조 부호를 통해 성조까지도 모두 표기할 수 있게 되었다. 즉, 오선지 위에 그려진 악보와 같이 입말의 성조 소리가 글말에 그대로 구현되는 획기적인 표기 체계였다. 태국문자의 자음은 "꺼까이(ก)"와 "터통(ฐ)"의 두 자를 제외하고는 모두 동그라미에서 시작하여 그림을 그리듯 직선과 곡선이 어우러지며 획을 그리기 때문에 예술적으로 보이기까지 한다.

이러한 태국문자의 형태는 17세기 말 아유타야 왕조 나라이왕 시대에 현재의 모습이 갖추어지기 시작했으며 그 이전까지의 태국문자는 계속 변모와 발전을 거듭하였다. 태국문자는 초기인 쑤코타이 1호 비문까지 거슬러 올라가 살펴보면 현재의 모습과는 매우 다르게 곡선이 훨씬 강조되어 있어 크메르문자에 더 가까운 것처럼 보인다. 그리고 현대 태국어와는 표기체계와 형식이 많이 달라 해석본 없이는 독해가 어렵다.

자모음 글자 수가 많고 같은 소리인데도 어원과 의미에 따라 다른 자음을 사용하여 표기하는 번거로움, 그리고 원어 표기를 위해 소리가 나지 않는 음가를 표기하고 묵음 부호를 붙여 단음절화하는 등의 수고를 없애기 위해 20세기 중반에 태국에서도 라오스와 마찬가지로 문자혁명의 시도가 있었지만 수포로 돌아갔다. 이는 어찌 보면 태국인들이 태국문자에 가지고 있는 애정과 자부심을 반증하는 것이라고 할 수 있다. 최근에는 인터넷의 발달로 다양한 서체들이 발달하여 태국문자의 새로운 진화가 이어지고 있다.

4
태국 속의 중국인

- -

중국어를 못하는 중국계 태국인들

태국사람들의 얼굴을 관찰해보면 키가 좀 작고 얼굴이 까무잡잡한 사람들이 있는가 하면 몸집이나 피부색이 우리와 별로 다를 바 없다고 느껴지는 사람들도 있다. 전자는 타이족이고 후자는 중국계 태국인일 가능성이 높다. 오늘날 태국 사회의 종족 구성 비율을 보면 타이족이 차지하는 비율은 75퍼센트 이상이며 중국계가 차지하는 비율은 13.5 퍼센트 정도이다. 이 밖에도 남부에 주로 거주하는 4.6퍼센트의 말레이족과 북부지방의 소수종족이 더 있다.

그런데 태국의 중국계라고 하는 사람들은 인근의 다른 동남아 국가의 중국계와 달리 중국어를 거의 구사하지 못한다. 중국 문화와 풍습은 부분적으로 계승하고 있지만 사회 문화적 정체성은 일반 타이족 태국인들과 별반 차이없이 완전히 태국인으로 동화되어 버린 것처럼 보인다. 자신들의 전통과 문화를 중시하는 중국인들이 태국에 쉽게 동

태국의 중국식 사원

화된 이유는 무엇일까?

태국의 현 왕조인 짝끄리 왕조(1782~현재)의 라마1세부터 라마4세까지의 시대를 배경으로 태국인의 삶과 사랑을 그린 7번 채널의 드라마 《랏따나꼬신》의 주제가를 보면 첫머리 부분이 다음과 같은 내용으로 시작된다.

랏따나꼬신은 마음을 녹여내는 땅
많은 사람들이 온갖 사랑을 하며 처마를 맞대고 같이 살아간다
국적이 어떻든 간에 형제이며
서로 오랫동안 얽히고 설켜온 한 무리로
하늘 아래 모든 사람들이 짝끄리왕의 은총아래 행복하게 살아간다.

이 드라마의 첫 회를 보면 태국에 살고 있는 주인공 퍼팍의 아버지는 중국 사람이다. 그는 젖먹이 어린 아들인 주인공을 나중에 중국으로 보내 중국어를 가르치고 과거를 보게 하여 벼슬을 시키겠다는 꿈을 가지고 있다. 이를 만류하는 주인공의 어머니의 말이 인상적이다.

태국에 살아도 벼슬을 할 수 있어요. 이 나라의 왕은 국적이 다르거나 언어가 다르다고 억압하지 않아요. 관리를 뽑아도 능력을 보고 뽑아요……. 중국인과 태국인이 어디가 달라요? 당신은 중국 사람이지만 태국어 잘 하잖아요. 태국 땅에서 조상을 섬기고 옷차림을 중국인처럼 하면서 머리를 길게 땋아 늘이고 살아도 누가 뭐라고 하지 않

아요. 그래서 아주 행복하게 살잖아요. 중국 설날에는 신에게 경배하고 청명 때에는 조상신에게 제사 지내고 하는 것들을 다할 수 있는데 (우리 아이가) 태국인이 되는 것이 무엇이 두려워요?

이 드라마의 주제가 내용과 주인공의 부모가 나누는 대화 내용은 오늘날 태국에서 살고 있는 중국계 태국인들이 동화되어 가는 배경을 잘 압축하여 나타내고 있다. 중국인은 여러 소수 종족 중에서 태국사회에 가장 잘 적응하면서 자연스럽게 동화 된 종족이라고 볼 수 있다.

13세기에 시작된 중국과의 친선 관계를 바탕으로 중국인들이 본격적으로 태국에 이주해오기 시작한 것은 아유타야 시대(1350~1767) 때부터이다. 주로 상업을 목적으로 태국으로 건너온 중국인들은 대부분 미혼이었고 이들이 태국인 여성과 결혼하여 낳은 자녀들을 "룩찐(ลูกจีน)"이라 불렀다. 16세기경, 수도 아유타야에 "룩찐"들이 차지하는 인구 비율이 전체 인구의 1/4 이었다고 한다. 중국인들은 그들이 가진 근면성과 뛰어난 적응력으로 빠르게 태국사회에 정착하였다.

나라이왕(1656~1688) 때에 이르러 중국인들은 다른 나라 사람들과 달리 외국인 취급을 받지 않았다. 톤부리 시대(1767~1782)에는 중국계로 알려진 딱씬왕의 중국인 이민 장려 및 중국과의 교역 정책에 힘입어 중국들의 유입이 더욱 늘어났고, 라마1세(1782~1809) 때에 방콕을 수도로 정하면서 대규모 토목공사가 벌어지자 여기에 참여하기 위해 많은 중국인들이 추가적으로 태국으로 건너오게 되었다. 특히 1860~1930년 사이에 "중국인 인력수출 계획"에 따라 대규모의 중국인들이 태국으로 이주해왔다. 그리하여 1825년 23만 명이던 중국계 인구는 1910년경에 79만 명을 넘어서게 되고 1932년에는 태국 전체 인구의 12.2퍼센트에 이르게 되었다.

중국인 동화 정책, 중국계 태국인은 있지만 화교는 없다

태국은 자국으로 이주해오는 중국인들을 동화시키기 위해 오랜 기간에 걸쳐 여러 가지 강온정책을 썼다. 일찍이 나라이왕 시대에는 외국인과의 혼인을 금지하는 법에서 중국인은 예외로 하였으며 라마5세(1868~1905)에 이르러서는 중국인들은 태국인들과 동등한 '노동의 기회와 이익을 추구할 기회'를 얻게 되었다. 중국인들은 사회적으로는 태국인들과 동등한 대우를 받으면서도 정치적으로는 외국인으로 분류되어 라마6세(1910~1925) 전까지는 세금을 적게 내는 혜택까지 누렸다.

라마6세에 이르러 제정된 법령에 따라 중국인들은 태국식 성씨를 쓰도록 했다. 그렇지 않으면 외국인으로 분류하여 불이익을 받도록 하였다. 그러자 대부분의 중국인들은 개명을 통해 태국인이 되는 길을 선택했다. 또한 피분쏭크람 내각이 들어서면서 태국민족의 동질성 확립정책이 시행되었다. 이에 따라 중국계들에게 태국 시민권을 취득하고 태국식 이름을 사용하고 태국 학교에 다닐 것을 강요하였다. 중국계 이름을 가진 사람들에게는 군인을 포함한 공무원이 되는 길을 제한시켰다. 이러한 정책들은 큰 저항 없이 비교적 순조롭게 이루어졌다.

중국식 설 명절에 축제를 벌이고 있는 치앙마이 중국계 태국인들의 모습

매년 치앙마이에서 성대하게 열리는 중국계 태국인들의 구정명절 기념 축제

19세기 중반 이전에 태국으로 이주해온 중국인들은 혼인에 의해 태국인화되었고 태국과 중국의 혼합된 생활양식을 이루며 살았다. 태국 정부의 지속적인 동화정책으로 화교 3, 4세들은 모두 태국인으로 완전히 동화되었다. 오늘날 태국사회에서 중국계 태국인들은 스스로 자신이 태국인이라고 생각하고 혼인이나 친교에 있어 타이족과 구분 짓지 않는다. 우리 말의 "국민 여러분"에 대응되는 태국어 표현은 "피닝 차우타이 툭콘(พี่น้องชาวไทยทุกคน, 모든 태국인 형제 여러분)"이다. 따라서 이들을 화교라고 부르는 것은 부적절한 것으로 보인다. 그들 자신은 물론 일반 태국사람 중에서도 아무도 태국인과 화교를 구분하려는 사람이 없기 때문이다. 그래서 태국은 중국계 태국인은 있으되 화교는 존재하지 않는 독특한 사회가 되었다.

　　오늘날 중국인들은 세계 각지에 널리 퍼져 살고 있다. 그들은 어느 곳에서 얼마를 살더라도 모국어와 자국의 풍습을 간직하고 살아가는 것이 대부분이다. 그러나 유독 태국에서만은 중국인들이 태국화되는 것은 주목할 만한 사실이다. 근대 다문화 사회 속에서 기회의 균등과 차별 없는 외국인 정책으로 이룩한 사회통합의 성공 사례로 보아도 무방하다. 20세기 한국사회도 다문화 사회로 변해가고 있다. 그러나 문화적 획일성과 일부 그릇된 혈통주의 등으로 인해 여기 저기서 갈등과 균열이 보이기 시작한다. 이 시점에서 태국에서 중국인들이 태국사회에 동화되는 조화로운 과정과 현상은 우리에게 시사하는 바가 크다.

5
태국어에서 '너'는 곧 '우리'다

문화적 공통점과 차이점이 반영된 언어

외국어를 배울 때 학습자는 자연스럽게 자신의 모국어와 비교하게 된다. 한국인이 일본어를 배우거나 영어 화자가 여러 유럽어를 배울 때처럼 모국어와 유사성이 많은 언어를 배울 경우에는 조금 부담을 덜 수 있을 것이다. 그렇지만 한국어와 소리로나 형태적으로 유사점보다는 차이점이 더 많은 태국어와 같은 언어를 배울 때에는 아무래도 그만큼 더 어렵게 느껴진다. 이런 상황에서 문화적 유사성에서 기인한 언어적 공통점을 발견하게 되면 적잖이 반가운 기분이 든다.

인칭대명사의 사용이 그런 공통점 중의 하나이다. 태국어는 우리말과 마찬가지로 인칭대명사가 매우 발달한 언어이다. 아니, 어떤 면에서는 현대 한국어보다 더 발달해 있다고 볼 수도 있다. 한 연구에 따르면 태국어에는 대우법이 매우 발달하여 자기 자신을 지칭하는 방법이 17가지, 상대방을 가리키는 2인칭을 지칭하는 표현이 19가지에 이

엄마에게 안겨 있는 아이의 모습. 태국의 엄마도 자기 아이를 "우리 아이"라고 부른다

른다고 한다. 그러므로 태국어에서는 연령이나 사회적 지위 등에 따라 적절한 대명사를 사용해야 한다. 즉 우리 말처럼 태국어에도 "나"와 "저"를 구분하고, "너"와 "당신"을 구분하여 사용하는 것이다. 인칭대명사가 성별 뿐 아니라 사회적 계층과 직업에 따라 세분화되어 있어 승려가 자신을 지칭하는 대명사와 재가신도를 지칭하는 대명사가 다르며, 국왕을 알현할 때 백성들이 쓰는 다양한 대명사가 있다.

친족어의 사용에 있어서도 상당한 유사성이 있다. 우리 말은 친족어가 다양하고 복잡하기로 세계에서 둘째가라면 서러운 언어다. 심지어 국립국어원에서는 지난 2011년에 가정에서의 호칭과 지칭을 규정하는 『표준 언어 예절』이라는 자료집을 펴냈을 정도이다. 태국어에도 다양한 친족어와 호칭이 발달했지만 한국어만큼 세분화되어 있지는 않다. 그래도 자신의 부모나 친척 어른들의 이름을 호칭으로 사용하는 경우가 많은 서양과 달리, 아버지를 "아버지"라 부르고, 이모를 "이모"라고 부르는, 즉 지칭을 호칭으로도 사용하는 점에 있어서도 우리 말과 유사하다. 또한 진짜 혈연 관계가 아닌 남에게도 친족어를 사용할 수 있다는 점에서도 우리 말과 유사하다. 즉, 지나가는 모르는 할머니에게 "쿤야(คุณยาย, 할머니)"라고 부르고, 나이 차이가 많지 않은 경우 손윗사람은 "피(พี่, 형, 오빠, 언니, 누나)", 손아랫사람은 "넝(น้อง, 동생)"으로 호칭하며 관계를 상정하게 된다.

"우리"를 좋아하는 우리 문화

흥미로운 점이 또 있다. 우리 말은 "우리"라는 대명사를 좋아하기로 유명하다. 이 짧은 글에서만도 벌써 "우리 말"이라는 단어가 여섯 번이나 사용되었다. 한국인은 "나"라는 1인칭 단수 대명사 대신 "우리"라는 복수 대명사의 사용을 선호하는 경향이 있다. 동생이 나 하나여도 "우리 언니"라고 부르고, 일처다부제도 아닌데 "우리 집사람"이라고 자신의 아내를 지칭한다. 또 "한국"이 쓰일 맥락에서 "우리"로 대체하여 "우리 말", "우리 국민", "우리 정부", "우리 민족" 등의 단어를 사용하는 것이 보통이다. 공동체 의식이 배어있는 사회의 속성을 드러내는 언어문화라고 볼 수 있을 텐데, 일부 학자들에게는 이것이 개인 의식, 실존 의식의 부재라는 비판의 대상이 되기도 한다.

태국어 기초 교재 중에서 가장 많이 사용되는 회화 교재 중 하나인 『싸왓디@태국어 생활회화』의 옛 버전은 『시청각 태국어』였다. 학창 시절 전공공부를 등한시했던 학생들조차 졸업 후 수십 년 동안 선명히 기억하는 이 교재의 첫 과, 첫 문장은 "니반컹라오(นี่บ้านของเรา)"다. "이것은 우리의 집이다"라는 뜻이다. "우리"라는 대명사에서 친근감이 느껴진다. 태국어에서도 한국어만큼은 아니지만 "라오(เรา, 우리)"라는 표현이 자주 쓰인다. "반라오(บ้านเรา, 우리 집)" "쁘라텟타이라오(ประเทศไทยเรา, 우리 태국)" "파싸라오(ภาษาเรา, 우리 말)" 등에서 한국어와 비슷한 경향을 엿볼 수 있다. 또한 복수의 "우리"가 단수의 "나"를 지칭하는 대명사로 쓰이는 경우도 많다. 그래서 "라오와(เราว่า……)"라고 하면 "내 생각엔……"이라는 의미가 되기도 한다.

태국어에서 "우리"가 의미하는 것

그런데 태국어에서 "우리"라는 말은 "나" 또는 "우리"라는 의미의 1인칭 대명사로 쓰이는 것 외에 놀랍게도 "너"라는 의미로도 쓰인다. 지난 2013년 태국에 돌풍을 일으키며 역대 흥행 기록을 갈아치운 히트작이자 국내에서도 개봉했던 영화《피막프라카눙》의 한 장면을 살펴보자.

전쟁에 나갔다가 사랑의 힘으로 구사일생 목숨을 건지고 고향집에 돌아 온 남자 주인공 "막"은 자신을 반가이 맞아주는 사랑하는 아내 "낙"을 보며 이렇게 말한다. "카오킷틍라오막 라오킷틍카오르빨라우(เขาคิดถึงเรามาก เราคิดถึงเขาหรือเปล่า)." 이 말을 직역하면 "그는 우리가 너무나 그리웠는데, 우리는 그를 그리워했느냐"라는 뜻이다. 도대체 이게 무슨 말인가 싶다. "그"는 사랑하는 부부 사이에 끼어든 제3자란 말인가. 태국어의 인칭대명사에 그 비밀이 있다. "그"는 바로 "나"이며, "우리"는 "너"를 지칭하는 것이다. 즉 "나는 당신이 너무나 그리웠는데, 당신은 내가 안 그리웠소?" 하는 남편의 수줍은 고백인 것이다.

이것은 비단 사랑하는 사람들이 부끄러워 나누는 밀어에 국한되는 언어 형식이 아니다. 일상 대화에서도 "내 생각엔……"이라는 말을 "라오와(เราว่า……, 우리가 생각하기로는)" 대신에 "카오와……"(เขาว่า……)라고 하여 "그가 생각하기로는……" 이라고 표현한다. 또, "너 꼭 와야 돼" 하는 말을 "라오 떵 마나"(เราต้องมานะ) 라고 하여 "우리는 꼭 와야 돼"라고 표현하는 것이 매우 일반적이다.

"그"가 "나"가 되고, "우리"가 "너"가 되는 태국어의 문화적 배경은 무엇일까? 불교의 가르침에 따르면 모든 만물에는 실체가 없고 모든

174

영화 《피막프라카농》의 한 장면. 주인공 낙(여)과 막(남)

현상은 끊임없이 생성되고 소멸한다. 모든 현상은 원인인 "인"과 조건인 "연"이 상호 관계하여 성립한다. 즉, 모든 만물은 서로 의존적인 관계에 놓여 있으며 이 관계는 끊임없이 변화하므로, 태국어에서는 맥락과 상황과 관계에 따라, 내(ตัวเอง, ตัวเอง)가 너(ตัวเอง, ตัวเอง)가 되고 내(เรา, เรา)가 너(เรา, เรา), 혹은 우리(เรา, เรา)가 되기도 하고, 그(เขา, เขา)가 내(เขา, เขา)가 되기도 한다. 서로 다른 인칭을 같은 대명사로 사용하는 것은 사람과 사람의 관계가 지극히 맥락과 상황에 의존한다는 것을 의미한다. 이러한 인칭의 혼용은 어쩌면 태국인의 불교적 사상, 즉 곧 "그"는 "나"이고, "나"는 "우리"이고, "우리"는 "너"이며, "공즉시색 색즉시공"인 몰아일체의 불교적 믿음에 기반한 흥미로운 언어현상인 것이다. 태국어의 대명사가 불교적 믿음의 언어적 투영이라고 추측하는 것은 결코 지나친 비약이 아니다.

감탄사에 투영된 태국인의 가치관

사람이 물에 빠지거나 생명의 위협을 느끼는 긴박한 상황에 처하게 되었을 때는 무의식적으로 구조를 청하는 고함을 지른다. 그런데 나라마다 민족마다 그 고함의 메시지에 차이가 있는 것은 흥미로운 사실이다. 한국 사람들은 "사람 살려!" 하고 외친다. 주로 "도와 달라(help me)"고 외치는 서양인들과는 대조적인 모습이다. 이런 면에서는 "추아이두아이(ช่วยด้วย, 좀 도와주세요)"라고 외치는 태국인은 한국과도 서양과도 다르다. 태국어의 구조 요청에는 목적어가 빠져 있기 때문이다.

비슷한 상황에서 쓰이는 구조 요청의 고함이 아니라 어쩌면 더 즉각적이고 본능적이라고 볼 수도 있는 감탄사의 사용을 관찰해보면 또 다른 흥미로운 면모를 엿볼 수 있다. 예를 들어 어두운 길을 가는데 앞에서 갑자기 뭔가가 튀어 나왔을 때, 한국인은 무의식적으로 외치는 소리는 "아이고" 외에도 "엄마야"가 대부분일 것이다. 서양인들의 경우는 남녀노소를 불문하고 "Oh my God!"이 지배적일 것이다. 그렇다면, 태국인은 어떨까? 태국인들의 경우 일반적인 감탄사 "우이! 따이! (อุ๊ยตาย, 아이고 죽겠네)" 외에도 자주 들을 수 있는 감탄사가 바로 "우이! 매!(อุ๊ยแม่, 아이고 엄마야)"와 "우이! 프라!(อุ๊ยพระ, 아이고 부처님)"인 것은 문화적 배경을 그대로 드러내는 흥미로운 부분이다. 우리 나라와 마찬가지로 엄마의 품에서 자라나고 성인이 되어서도 부모와의 애착관계가 깊은 태국인의 마음 속에서 위급할 때 무의식적으로 가장 먼저 생각나는 존재는 바로 "엄마"인 것이다. 그리고 "엄마"의 존재에 대적할 만큼 마음의 의지처가 되는 존재가 바로 "부처님"이다.

태국은 국민의 95퍼센트 가량이 불교를 신봉하는 대표적인 불교 국가이다. 태어날 때부터 죽을 때까지 태국인들 삶의 구비마다 함께 하며 종교를 넘어 생활로 여겨지는 불교의 가르침은 태국사람들의 무의식 속에 깊숙이 자리하고 있다. 불교도라고 해도 태어나 한 번도 절에 가보지 않은 태국사람도 적지 않은 것이 사실이지만, 위급한 순간이 오거나 어려움을 겪을 때 가장 먼저 생각나는 의지처는 아무래도 종교이기 때문에 자신도 모르게 부처님을 찾게 되는가 보다.

미소 짓고 있는 불상. 태국인은 급하면 부처님을 찾는다

6
소리를 통해 세상을 본다

"뚝뚝" 하고 달리는 소리가 나서 "뚝뚝이"

처음 태국 유학 길에 올라 방콕에 도착했을 때 창 밖으로 보이는 낯선 풍경 중의 하나가 "뚝뚝(ตุ๊กตุ๊ก)"이라고 부르는 삼륜차였다. 호텔방에 여장을 풀고 나와 거리를 지나가는 "뚝뚝"을 잡아 탔다. 엔진 소리도 특이하고 운전석 뒤에 마련된 2~3인용 의자에 앉으면 밀폐된 공간이 아닌 사방이 트여 있는 좌석에서 바람을 맞으며 좌우 거리 풍경을 보는 것이 무척이나 신기하고 재미있었다. 다음 날 만난 먼저 유학하고 있던 선배는 "뚝뚝"은 위험하니까 다음부터는 택시를 타라고 했다. 그러나 나는 그 뒤에도 여러 차례 "뚝뚝"을 타고 다녔다.

"뚝뚝"은 방콕을 중심으로 해서 널리 애용되는, 오토바이와 택시의 중간 틈새를 노린 탈것의 일종이다. 본래 일본에서 짐을 싣기 위해 만든 삼륜 오토바이를 들여와 지붕을 달고 사람이 타거나 짐을 실을 수 있게 개조하여 만든 것인데 나중에 대중교통 수단으로 진화하게 되었

"뚝뚝"하는 엔진 소리 때문에 뚝뚝이라고 불리는 삼륜차

다. 초기에는 300시시(CC) 남짓의 수냉식 엔진을 장착한 차량을 일본에서 들여왔고 나중에는 600시시 좀 넘는 배기량의 엔진을 탑재한 차량으로 바꾸어 중국에서 들여왔다.

뚝뚝은 1965년경에 출력이 약하고 속도가 느려 교통 흐름을 방해한다는 이유로 폐기를 검토하였으나 최종적으로 존속시키기로 하여 오늘날까지 사용되고 있다. 1987년부터 정부는 뚝뚝을 차량으로 등록하도록 하고 그 숫자를 제한하는 법령을 만들어 현재 방콕과 인근 지역을 운행하는 뚝뚝은 7,405대로 한정되어 있으며 전국을 다 합치면 3만여 대가 운행되고 있다. 뚝뚝은 현재 태국에서 조립하여 국내에서 판매하기도하고 이를 인도와 스리랑카 그리고 싱가포르 등지로 수출하여 수입을 올리는 한편 관광 진흥에도 도움이 되고 있다.

뚝뚝은 외국인 관광객들의 호평을 받아 현재 태국의 상징물처럼 되었다. 초기에는 좌석 양쪽에서 모두 타고 내릴 수 있었지만 안전을 이유로 나중에는 오른쪽을 폐쇄하여 왼쪽으로만 타고 내릴 수 있도록 했다. 지방 도시에서 사용되는 것은 소형 사륜차인데 마찬가지로 일반 차량에 비해 엔진 배기량이 작아서 소리는 [뚝뚝] 하고 난다. 본래 특정한 이름이 없었는데 외국인들이 그 엔진소리가 뚝뚝하고 난다 하여 뚝뚝이라고 부른 것이 그대로 이름이 되었다. 우리 나라의 통통배나 똑딱선 등도 바로 엔진 소리를 흉내 내어 붙여진 이름이다.

이 밖에도 태국어에서 동물이나 사물의 울음소리가 이름이 되어 버린 경우가 많다. [까까] 하고 울어서 "까(กา, 까마귀)", [뚝깨] 하고 울어서 "뚝깨(ตุ๊กแก, 큰집도마뱀붙이)", [응앙] 하고 울어서 "응앙(อึ่งอ่าง, 맹꽁

"뚝깨"하고 울어서 이름이 된, 뚝깨 도마뱀(출처: pasusat.com)

이)", [웃웃] 하는 소리가 나서 "웃(หวูด, 기차 등의 기적)", [워워] 하고 달려서 "워(หวอ, 구급차)", [추치] 하고 기름에 튀기는 소리가 나서 "추치(ฉู่ฉี่, 찌개의 일종)", [모옹] 하는 소리가 나서 "모옹(โหม่ง, 징 비슷한 악기)", [껍깹껍깹] 하고 소리가 나서 "껍깹(ก๊อบแก๊บ, 비닐봉지)", [엇엇] 하는 소리가 나서 "엇(ออด, 벨소리)" 등이 바로 그것이다.

세상을 보는 방식, 소리 체계

소리를 흉내낸 말을 의성어라고 한다. 의성어는 개별언어의 특성을 가장 잘 나타내주는 부분이기도 하지만 언어적 자의성이 가장 약한 부분으로 자연언어에서 나타나는 보편성을 잘 드러내주기도 한다. 예컨대 한국어의 [꼬꼬댁꼬꼬]는 닭의 울음소리를 흉내 낸 의성어인데, 같은 닭의 울음소리를 영어로는 "코카두들두[cockadoodledoo]", 프랑스어로는 "코코리코[cocorico]", 독일어로는 "키케리키[kikeriki]", 일본어로는 "코께코꼬[kokkekokko]", 태국어로는 "엑이엑엑[เอ้กอีเอ้กเอ้ก]"으로 표현한다.

　태국어의 의성어와 한국어의 의성어를 비교해보면 비슷한 점도 있고 다른 점도 있다. 사람의 신체에서 나는 소리를 보면 기침소리는 한국인은 [쿨럭쿨럭] 하고, 태국인은 [쿡쿡] 또는 [쿨룩쿨룩] 한다. 한국 아기도 태국 아기도 [응애응애] 하고 운다. 이런 소리는 매우 유사한데 좀 다르게 표현되는 소리도 있다. 딸꾹질 하는 소리를 보면 한국인은 [딸꾹딸꾹] 하는데, 태국인은 [윽윽] 한다. 동물이나 자연의 소리도 마찬가지이다. 개들이 짖을 때 한국의 개는 [멍멍] 하는 소리를 내지만, 태국의 개는 [홍홍] 하는 소리를 낸다. 한국의 돼지는 [꿀꿀] 하고 울지만, 태국 돼지는 [웃웃] 하고 운다. 한국에서 천둥소리는 [우르릉] 하고 나지만, 태국에서 천둥소리는 [쁘리앙] 하고 난다. 한국에서는 바람소리가 [쏴] 하고 나지만, 태국에서 바람소리는 [후] 하고 난다.

태국어의 의성어를 살펴보면 특정음이 특정한 의미를 나타내는 경향이 있다. 파열음은 소리를 만들기 위해 폐에서 나오는 공기가 어딘가에 막혀 있다가 터져 나오는 소리를 말하는데 한국어의 [ㄱ], [ㅋ], [ㄲ], [ㄷ], [ㅌ], [ㄸ], [ㅂ], [ㅍ], [ㅃ] 등과 같은 음들이 파열음이다. 이런 파열음은 태국어에서 주로 두드리거나 부딪칠 때 나는 소리, 막거나 터져 나오는 소리, 또는 깨지거나 부서지는 소리 등을 나타낸다. 예컨대, 태국어에서 수레바퀴는 [덜커덩] 하지 않고 [끙깡] 하고 굴러가며, 태국인들이 귀찮거나 짜증날 때는 한국인이 [쯧쯧] 하듯이 [짝짝] 하고 소리를 내고, 주먹으로 치고 받을 때는 한국처럼 [퍽퍽] 하는 소리를 내지 않고 [빱빱] 하는 소리를 낸다.

마찰음은 소리를 만들기 위해 폐에서 나오던 공기가 서서히 나오면서 마찰시키듯이 나는 소리를 말한다. 한국어의 [ㅅ], [ㅆ], [ㅎ] 그리고 영어의 [f] 소리 등이 바로 마찰음이다. 태국어의 마찰음은 주로 물건이 서로 마찰하거나 끼어드는 소리, 또는 통과하는 소리 등을 나타낸다. 예컨대, 태국인은 재채기할 때 [핫처이] 또는 [퓌잇] 하는 소리를 내며, 숨이 찰 때는 [헉헉] 하지 않고 [흐이흐이] 하는 소리를 낸다. 뜨거운 차를 마실 때 [호르륵] 하지 않고 [쑤웃] 하고 마신다.

거리를 내달리는 "뚝뚝"

비음은 공기가 비강을 통과하며 내는 이른 바 콧소리를 말한다. 태국어에서 비음은 주로 부드러운 소리, 울림소리, 약한 소리 그리고 불분명한 소리 등을 나타낸다. 태국어에서 종이 울릴 때는 [땡땡땡] 하지 않고 [앙앙] 또는 [앵앵] 하는 소리가 난다. 연인들이 작은 소리로 이야기를 나눌 때 [소곤소곤] 하지 않고 [끄라능끄라닝] 하는 소리를 낸다.

태국어를 살펴보면 서구어에 비해 청각언어적 성격이 강해서 의성어와 의태어가 발달한 편이다. 태국어의 의성어를 살펴보면 그 안에 태국인이 소리를 통해 세상을 어떻게 보는지 짐작할 수 있을 것만 같다.

IV

태국의 음식문화

1
굶주림을 모르고 살아온 사람들

언제나 웃고 살아온 쌀 부자들

태국사람들을 만나면 우선 느껴지는 첫 인상은 여유롭고 잘 웃는다
는 것이다. 이에 비해 태국사람들은 한국사람들이 대개 얼굴이 경직되
어 있고 사회적 긴장도가 높은 것 같다고 이야기한다. 태국인이 낙천
적이고 여유로워 보이는 것은 불교 사상을 기반으로 한 업보사상의 영
향도 있고, 즐겁고 재미있는 것을 좋아하는 성향의 탓도 있겠지만, 아
마도 먹을 거리가 풍족해서 굶주림을 모르고 살아온 것도 한몫하는
것으로 보인다.

　태국은 예로부터 먹을 거리가 풍족했다. 1283년에 태국문자를 만들
어낸 람캄행(รามคำแหง)대왕의 비문에 보면 "나이남미쁠라 나이나미
카우(ในน้ำมีปลา ในนามีข้าว)"라는 내용이 있는데 직역하면 "물에는 물고
기가 있고 논에는 벼가 있다"라는 뜻이다. 이는 당시 태국이 아주 풍요
로웠음을 나타내는 말이다. 그 당시 태국은 먹을 것이 풍부했다는 것

간단한 한끼 식사로 가장 대중적인 뷔페식 한접시식사. 카우깽

태국은 생선을 많이 먹기 때문에 다채로운 생선요리가 발달했다

을 벼와 물고기가 많다고 기록한 것인데 쌀과 생선은 태국인들이 옛날부터 즐겨 먹어 온 주식이다. "카우쁠라아한(ข้าวปลาอาหาร)"은 "카우(밥) + 쁠라(생선) + 아한(음식)"으로 구성되어 있는데, 이는 밥과 생선과 음식이란 의미가 아니라 그냥 "음식"이란 뜻으로 쓰이는 합성어다. 이는 태국의 음식문화에서 밥과 생선이 차지하는 비중이 그만큼 크다는 것을 잘 보여준다.

태국에서 쌀이 생산되는 곳은 중부지역에 집중되어 있다. 그 지역의 젓줄인 짜오프라야강 유역을 중심으로 발달된 평야의 비옥하고 드넓은 평야에 강수량까지 풍부하여 이모작 또는 삼모작까지 가능했기 때문이다. 그래서 쌀 수출량이 세계 1, 2위를 다투어왔고 따라서 이곳을 '아시아의 곡창지대'라고 불렀다. 우리가 농업을 "천하지대본"이라고 하듯, 태국인들은 농업을 "국가의 중추(กระดูกสันหลังแห่งชาติ)"라고 한다. 우리와 마찬가지로 태국도 전통적으로 농경국가였다. 다른 점이 있다면 우리는 밥을 주식으로 하고 김치 등의 채소를 기본 반찬으로 하는 반면에 태국인들은 밥을 주식으로 하고 생선을 기본 반찬으로 한다는 것이다.

태국인이 즐겨먹는 갖가지 생선은 주로 강이나 바다에서 그물로 잡아 올리는 경우가 대부분이지만 논에서 양식하는 것도 있다. 논에서 벼를 재배하면서 아울러 물고기 양식을 하는 것이다. 태국의 전통적인 농사법에 의하면 논에 모를 심고 나서 어린 치어를 함께 방류한다. 위에서는 벼가 자라고 아래에서는 물고기가 자라게 한다. 그리고 추수철이 되면 농부는 논에서 벼를 베고 난 후 물고기를 잡는다. 이렇게 태국의 농부들이 논에서 쌀과 더불어 물고기를 함께 수확하게 되는 것이 수백 년의 역사를 가진 전통적 농사법이다. 논은 벼를 재배하는 경작지이면서 물고기를 양식하는 양어장이기도 한 것이다. 태국 농촌지역을 가다 보면 길가를 따라 늘어서 있는 집들의 지붕에 생선을 말리고 있는 모습을 볼 수 있다. 건기에 먹기 위해 오래 보관하기 위한 방법으로 조상의 지혜를 계승한 것이다.

다양한 음식 문화와 밝은 미소

태국음식을 설명하는 가장 적절한 키워드는 "다양성"일 것이다. 태국음식은 향신료를 많이 사용하여 다양한 향이 나고, 다양한 맛이 조화롭게 구성되어 있는 것을 음식의 완성도로 보기 때문에 주로 맵고 짜고 달고 신 여러가지 맛이 한데 어우러져 자극적이면서도 독특한 맛을 내도록 한다.

매운맛을 내는 재료는 주로 "프릭키누(พริกขี้หนู, 쥐똥고추)"가 사용되는데 생김새가 마치 쥐똥처럼 생겨서 붙여진 이름이다. 흔히 태국인들이 스스로 체구는 작지만 인내력이 강하다는 이미지를 설명할 때 "렉 프릭키누(เล็กพริกขี้หนู)"라고들 하는데, 한국어의 "작은 고추가 맵다"와 비슷한 표현이다. 우리 나라에서 매운 맛이 강한 청양고추는 바로 태국의 프릭키누와 한국의 토종 고추를 접붙여 만들어진 고추이다. 청송과 양양에서 시험재배에 성공했기 때문에 청양고추라고 명명하였다고 한다.

동북부에서 즐겨먹는 파파야샐러드, 쏨땀. 현재는 태국을 대표하는 음식의 하나가 되었다

태국인들이 즐겨 먹는 후식의 하나인 카우니야우 마무앙(망고와 찹쌀밥)

세계적으로 유명한 태국음식의 대명사, 똠얌꿍

짠맛을 내는 데에는 주로 생선을 발효하여 만든 어간장 "남쁠라 (น้ำปลา)"가 사용되며, 단맛을 내는 데에는 일반적인 설탕 외에도 "딴 (ตาล)"이라고 부르는 팜슈가가 많이 사용된다. 그리고 신맛을 내는 데 에는 주로 "마나우(มะนาว)"라고 부르는 라임이 사용된다. 태국은 더운 나라이다 보니 식욕을 돋우기 위해 매운 맛을 선호하고, 식사 후에 매 운맛을 가시게 하기 위해 "컹완(ของหวาน)" 즉 "단것" 내지는 후식을 즐 겨 먹는데 이를 "깨펫(แก้เผ็ด, 매운 기운을 고친다)"이라고 한다. 그래서 태 국 음식에서 단맛을 지닌 "카놈(ขนม)"이 발달하였는데 간식 또는 후 식으로 많이 먹는다.

언어는 문화를 반영한다. 에스키모어에는 눈에 관한 어휘가, 아랍어 에는 낙타에 관한 어휘가, 그리고 몽골어에는 말에 관한 어휘가 많이 발달되어 있다는 것은 익히 잘 알려진 사실이다. 태국어에는 우리 말 못지 않게 음식관련 어휘가 많이 발달해 있다. 한 연구 결과에 따르면 태국어에서 음식을 만들 때 사용되는 조리동사는 26개에 달하며 "쌀 (ข้าว)"이 들어간 음식이름이 17가지, 그리고 "생선(ปลา)"이 들어간 음 식이름이 11가지, 그리고 돼지고기가 들어간 음식이 14가지가 있다. 태국의 음식 이름은 대개 두세 개의 자립형태소가 결합하여 만들어지 는 합성어로 되어 있으며, 조리동사들은 대개 단음절로 되어 있는 순 수 태국어들이다. 태국어의 음식 관련 어휘들은 그 음식을 만들 때 사 용되는 음식 재료와 조리 방법 그리고 맛을 나타내는 경우가 많다. 예 컨대, 태국인들이 즐겨먹는 "카우팟뿌(ข้าวผัดปู)"는 "카우(밥)+팟(볶 다)+뿌(게)"로 이루어져 있는데 밥에다 게를 넣어 볶은 음식이라는 것을 알 수 있으며 "똠얌꿍(ต้มยำกุ้ง)"은 "똠(끓이다)+얌(무침)+꿍(새우)"으로 이루어져 있어 새우를 넣어 만든 새콤달콤매콤한 국이라는 것을 알 수 있다. 태국의 음식문화와 관련하여 어휘 차원에서뿐만 아니라 절의 형태로 된 관용어에서도 다양하게 나타난다. "카우마이쁠라만(ข้าวใหม่ปลามัน)"이라는 관용어는 글자 그대로 해석하면 '새로 지은 밥에 갓 구운 생선'이란 뜻인데 신혼부부가 알콩달콩 살아가는 모습을 빗대어 하는 말이다. 우리 말에 "깨가 쏟아진다"는 말과 같은 뜻이다.

사람은 배가 부르면 아무래도 삶에 여유가 생겨나고 마음도 너그러워진다. 반면에 먹을 것이 없어 굶주리다 보면 삶에 여유도 없고 마음 씀씀이도 인색해지게 마련이다. "의식이 족해야 예절을 안다"든가 "곳간에서 인심 난다"는 말은 이를 대변해 주는 우리 속담들이다. 오늘날 태국인들이 밝은 미소와 너그러움을 갖고 살아가는 것은 바로 풍부한 먹을거리를 바탕으로 생겨난 삶의 여유에서 기인한 바가 적지 않다 하겠다.

2
돼지고기가 가야 닭고기가 온다

유래가 다양해서 더욱 맛있는 태국음식

오늘날 태국이 다양한 음식문화를 향유하게 된 것은 일차적으로는 지정학적 위치에 기인한 바 크다. 태국은 대륙동남아의 중심부에 위치해 있으면서 역사적으로 수백 년에 걸쳐 인도와 중국을 비롯하여 버마, 크메르, 라오스, 베트남, 말레이시아 등의 이웃 국가들과 꾸준히 문화적 접촉을 해왔다. 이러한 과정에서 타이족은 많은 이민족의 문화와 융합 또는 통합을 거듭하면서 문화적 중층성을 띠게 되고 음식문화 또한 복합적인 성격을 갖게 되었다.

현재 태국 국민의 75퍼센트 이상을 차지하는 타이족의 기원은 본래 중국의 한족이 남진하여 양쯔강 유역을 거쳐 인도차이나 반도로 유입해 들어왔다는 설이 유력하다. 타이족은 13세기 경에 짜오프라야강 유역에 쑤코타이 왕국을 건설하면서 기존의 몬족과 크메르족의 문화를 흡수하였다. 쑤코타이는 인도와 중국과 활발히 문화교류를 하였다.

이때부터 인도와 중국의 음식문화가 태국에 유입되기 시작한 것으로 보인다. 이후 쑤코타이 시대를 지나 아유타야 시대에 들어서면서 타이족은 그 세력이 오늘날 태국의 남단에까지 이르렀고, 이 시기에 인도의 커리가 크메르를 거쳐 태국의 왕실에 소개되었다.

현 왕조인 짝끄리 왕조시대 후반부인 19세기에는 중국인의 이민이 늘어나면서 태국 내에 중국계 인구가 증가하고 자연스럽게 중국의 음식문화가 태국에 유입되었다. 라마5세 통치기간에는 서양과의 교류가 활발해져서 서구 문화가 태국에 들어왔으나 이는 주로 왕실과 귀족층에게 한정되고 일반 서민들의 문화에는 크게 영향을 주지 못했다.

태국 음식이 발전해온 과정을 통해 짐작할 수 있듯이 오늘날 태국 음식의 기원이나 유래를 따져보면 매우 복잡하다. 태국음식 중에서 "깽(แกง)"은 인도의 영향을 받아 생겨난 것인데 한국의 찌개나 탕에 해당되는 음식이다. 향신료가 많이 들어가고 맛이 강한데 재료와 양념에 따라 매우 다양한 종류가 있다. 또, "꾸아이띠아우(ก๋วยเตี๋ยว)"라고 부르는 쌀국수와 "쌀라빠우(ซาลาเปา)"라고 부르는 찐빵, 그리고 "카놈찝(ขนมจีบ)"이라고 부르는 작은 만두는 중국의 영향을 받은 음식들이다.

한국의 죽에 해당되는 "쪽(โจ๊ก)"이나 여러 가지 탕과 볶음류 또한 중국 음식의 변형이라고 볼 수 있다. 이 밖에도 태국의 후식 중에서 계란을 넣어 만드는 "풔이텅(ฝอยทอง)", "텅엿(ทองหยอด)", "쌍카야(สังขยา)", "텅입(ทองหยิบ)" 등은 아유타야 시대에 포르투갈과 프랑스의 영향을 받아 태국으로 유입된 음식들이다. 한편, 태국의 남부 지방에는 말레이시아와 국경을 접하고 있는 5개의 주가 있다. 이 지역에는 이

중국식 쌀국수, 꾸아이띠아우

슬람교를 신봉하는 말레이족들이 많이 모여 살고 있는데 이들은 종교적 계율에 따라 돼지고기를 먹지 않으며 일반 태국인들과 또 다른 음식문화를 가지고 있다.

지역별로 다양한 토속 음식

태국은 각 지역마다 맛과 재료가 다른 토속 음식이 발달하였다. 북부지방 음식은 다른 지역에 비해 상대적으로 덜 자극적인 편이며, 맵고, 짜고, 신맛은 즐기지만 단맛은 좋아하지 않는다. 북부지역은 주로 산이 많고 지대가 높아서 찹쌀을 주식으로 하여 채소와 "남프릭엉(น้ำพริกอ่อง)"이라는 태국식 고추장, 그리고 국 또는 찌개와 같이 먹는다. 또, 북부지방은 "냄(แหนม)"이라는 태국식 소시지가 유명한데, 이것은 다진 돼지고기를 절인 것을 넣어 만든 것으로 시큼한 맛과 독특한 향이 난다.

동북부 지방 음식은 주로 맵고 짜고 시다. 동북부 지역에서 애호하는 음식은 "쏨땀(ส้มตำ)"과 "꺼이(ก้อย)", "랍(ลาบ)" 등이다. "쓰아렁하이(เสือร้องไห้, 호랑이가 울다)"라는 재미있는 이름이 붙은 불고기류의 음식이 있는데, 고기가 하도 질겨서 호랑이가 먹다 울었다고 해서 붙여진 이름이다. 동북부 지방 음식은 조미료를 많이 사용하지만 향신료는 많이 넣지 않는다. 주식은 찹쌀과 "남프릭쁠라라(น้ำพริกปลาร้า, 진한 향이 나는 발효 생선을 넣은 고추장)"를 여러 가지 채소와 함께 먹는다.

중부지방 음식은 맵고 짜고 달고 시다. 밥은 여러 종류의 고추장,

북부에서 즐겨먹는 남프릭과 채소

"똠얌꿍(ต้มยำกุ้ง)"과 같은 국물류와 같이 먹는데, 보통 음식에 조미료와 향신료를 많이 넣는 편이다.

남부 지방은 가장 맵고 자극적이기로 유명하다. "카우얌(ข้าวยำ)"과 어간장은 일상적으로 먹는 음식이다. 보통 남부 주민들은 북부 지방보다 음식을 적게 먹으며, 곤쟁이를 소금에 절여 발효시킨 고추장은 "남프릭까삐(น้ำพริกกะปิ)"를 주로 먹는다.

우리와 식사를 같이 할 수 있는 사람들

음식을 함께 나누어 먹다 보면 금방 친해지기 쉽다. 태국어에 "무빠이까이마(หมูไปไก่มา)"라는 말이 있는데 직역하면 "돼지고기가 가야 닭고기가 온다"는 뜻이다. 우리 집에서 돼지고기로 만든 음식을 먹을 때 옆집에 나누어주게 되면 옆집에서 닭고기로 만든 음식을 먹을 때 우리 집에도 나누어 준다는 뜻으로 우리 말에 "가는 정이 있어야 오는 정이 있다"는 말에 대응되는 표현이라고 할 수 있다. 이는 또한 돼지고기와 닭고기가 태국 음식에서 차지하는 비중이 크다는 것을 나타내기도 한다.

한국사람들이 자주 사용하는 인사말 중의 하나인 "잘 먹겠습니다" 또는 "잘 먹었습니다"는 태국어로 번역하기 어려운 말이다. 먹을 것이 풍족했던 태국 사회에서는 그런 인사말을 사용하지 않기 때문이다. 태국인들은 식사할 때 대부분 천천히 여유를 가지고 먹는다. 또 "아한땀쌍(อาหารตามสั่ง, 주문에 따른 요리)"이 발달하여, 본인이 원하는 재료와 조리법을 지정하여 원하는 한 접시의 음식을 주문해 먹는 경우

한국인들이 가장 선호하는 태국음식 중 하나인 뿌팟퐁까리(커리크랩)

가 많은데, 한국인들이 식당에서 주문하면서 "아무거나 주세요" 또는 "가장 빨리 되는 거 주세요"하는 모습은 태국인들에게 매우 낯설고 이해하기 힘든 부분일 것이다.

태국음식과 한국 음식은 만드는 재료나 조리법이 다르지만 서로 상대방의 음식을 맛있게 먹을 있을 만큼 일정부분 공통점이 있는 것도 사실이다. 기본적으로 밥을 주식으로 하는 점과 반찬을 두고 함께 나누어 먹는 점부터 같다. 매운맛 짠맛을 즐기는 기호는 물론이고, 맛있는 것은 서로 먼저 권하고, 마지막 남은 한 점은 서로 눈치를 보며 먹기를 꺼려하는 겸양의 문화도 닮았다. 두 나라 사람들이 서로 음식을 나누어 먹으며 공동 발전의 길을 모색할 수 있다는 것은 얼마나 다행스러운 일인가? 태국인들이 김치찌개를 먹고 한국인들이 똠얌꿍을 먹으며 식사 후에 "잘 먹었습니다"하고 서로 인사하게 된다면 "생선이 가야 김치가 온다"는 말이 하나쯤 더 생겨날 법도 한 일이다.

3
밥과 생선, 어장 문화

●●

밥과 생선은 먹어가면서 해라

앞서 살펴보았듯이 쌀이 주식인 태국사람들은 우리와 마찬가지로 밥을 지어 반찬과 함께 먹는 식문화를 가지고 있다. 우리 말과 마찬가지로 "밥을 먹다"라는 표현이 "식사를 하다"와 동일시되는 문화이다. 또 "밥은 먹었니?"라는 인사가 "잘 지내니?"라는 인사를 대신하여 사용될 정도로 쌀은 태국인들의 삶의 원동력이자 식문화의 중심에 있다.

그런데 태국에서 밥 못지않게 중요하게 여기는 또 하나의 식재료가 있다. 바로 생선이다. 동아시아가 두장(豆醬)을 기본으로 하는 식문화를 가지고 있다면, 동남아시아는 어장(魚醬)을 기본으로 하는 식문화를 공유하고 있다고 볼 수 있다. 특히 태국은 국토의 삼면이 바다를 접하고 있어 해산물이 풍부할 뿐 아니라, 북에서 남으로 흐르는 중부 지방의 젖줄 짜오프라야강을 중심으로 운하가 발달했기 때문이다. 이를 근간으로 바다고기뿐 아니라 민물고기도 풍부하여 예로부터 생선은 쌀과 함께 태국인의 식문화의 주축이 되어 왔다.

우리 말의 "밥은 먹어가면서 해라"라는 말은 태국어로 "밥과 생선은 먹어가면서 해라(กินข้าวกินปลาบ้างนะ)"로 표현된다. 또한 앞서 보았듯 고대 쑤코타이 왕국의 람캄행 대왕 비문에 당시의 풍요와 번영을 상징하는 문구에서도 논에 있는 벼와 더불어 물에 있는 물고기가 언급되어 있는 것을 볼 때에, 예로부터 생선은 쌀에 뒤지지 않는 중요한 먹거리로 자리잡고 있었음을 알 수 있다.

태국인의 식탁을 지키는 주역, 남쁠라

태국 음식의 기본 양념으로 짠 맛을 책임지고 있는 것은 소금보다는 어장(魚醬), 즉 "남쁠라(น้ำปลา, 생선 간장)"라고 부르는 피쉬 소스이다. 이 때문에 비교적 액젓 향에 익숙한 우리 나라 사람들까지도 태국 무침류의 음식이 비리다고 느끼는 경우가 많다. 태국인이 즐겨먹는 대부분의 음식과 반찬류는 이 남쁠라로 간을 한다. 또 삶은 달걀도 남쁠라에 찍어먹는다. 그러므로 남쁠라는 빠질 수 없는 태국음식의 기본 양념 이상으로 식탁의 필수품의 역할을 한다고 볼 수 있다. 태국 뿐만 아니라, 어장문화를 공유하고 있는 동남아 여러 나라에서 피쉬소스는 ─ 맛과 향의 차이는 있으나─라오스에서는 "남빠"로, 베트남에서는 "느억맘(nuocmam)"으로 미얀마에서는 "냥파예(nganpyaye)"로, 필리핀에서는 "파티스(patis)"로, 말레이시아에서는 "부두(budu)"로, 인도네시아에서는 "케찹이칸(kecap ikan)"으로 불린다. 이처럼 각기 다른 이름

피쉬소스, 남쁠라(어장, 魚醬)

으로 불리기는 하나 모두가 식탁의 주조연으로 활약하고 있는 피쉬소
스를 지칭하는 것들이다. 태국 북쪽으로 더 거슬러 올라가면 중국 남
부의 조주(때찌우[แต้จิ๋ว]) 지방에서 전해져 내려오는 요리 비법으로 "어
로(魚露)"라고 부르는 양념이 바로 남쁠라와 같은 어장을 의미한다.

발효음식인 남쁠라는 일반적으로 "까딱"이라는 물고기로 만든다.
"까딱"(ปลากะตัก)은 영어로는 "인디언앤초비(Indian anchovy)"로, 멸치
의 일종인데 동남아시아와 남아시아에 주로 서식하며 참치의 먹이로
많이 사용되는 물고기다. 물고기를 잡는 즉시 소금과 일정 비율로 섞
어 1년 이상 발효시킨 후 그 액을 정제하여 남쁠라로 사용한다. "까딱"
외에도 민물고기나 생선이 아닌 다른 수산물, 즉 새우나 오징어, 조개
등을 발효하여 어장의 일종으로 사용하기도 하는 점 역시 우리 식문
화와 유사하다. 차이점이 있다면, 우리의 액젓은 김치 등 다른 발효 음
식을 만드는 양념으로 사용되는 데 비해 태국의 어장은 각종 요리에
양념으로 사용된다는 것이다. 그래서 태국의 어장은 이처럼 태국인의
식탁에서 짠맛과 함께 특유의 풍미와 감칠맛을 선사한다.

국숫집에 가면 손님 상마다 양념통 세트가 올려져 있다. 여기에 자
리하고 있는 네 가지 대표 양념은 바로 설탕, 고춧가루, 식초, 그리고
"남쁠라"다. 이는 손님이 취향에 맞게 다시 양념하여 먹을 수 있도록
하는 주인장의 배려다.

느끼한 볶음밥에는 "프릭남쁠라(พริกน้ำปลา, 매운 고추와 마늘, 라임을
남쁠라에 재워둔 양념소스)"를 곁들여야 제 맛이다. 처음 태국에 가서 볶
음밥을 한 그릇 시키니 김치도 없이 정말 볶음밥 한 접시에 "프릭남쁠

볶음 국수 팟타이와 양념통 세트

프릭남쁠라

라"만 내주어 이걸 어떻게 먹나 싶었는데 알싸한 고추와 마늘이 들어간 "프릭남쁠라"를 조금씩 올려 먹으니, 김치 부럽지 않은 개운한 맛으로 한 접시를 뚝딱 비워낼 수 있었다. 이렇듯 태국인의 밥상을 지키는 주역인 남쁠라의 쿰쿰한 향 속에는 어쩐지 태국인 특유의 정겨움이 배어 있어 마음의 거리를 한층 좁혀주는 것 같다.

4
태국인의 음료 문화

"콜라가 없는데 펩시는 안될까요?"

태국 생활을 시작한 지 얼마 되지 않은 유학 초기의 일이다. 한번은 점심을 쌀국수로 간단히 해결하려고 국숫집에 들어가서 국수 한 그릇을 시켰다. 태국은 지하수 사정이 열악하여 식수로 바로 마시기 어렵기 때문에 물도 음식점에서 돈을 내고 사먹어야 한다. 그래서 다른 한편으로 음료 문화가 발달하였다.

보통 식당에 들어가면 의례 "음료는 뭘로 하시겠어요?"하는 질문을 듣게 마련인데, 마침 그날은 날도 덥고 해서 시원하게 해갈을 해줄 청량음료를 하나 시켰다. "커콕쿠엇카(ขอโค้กขวดค่ะ) (콜라 한 병 주세요)" 잠시 후 직원이 매우 난감한 표정으로 돌아와서는 눈치를 보며 말했다. "(코카)콜라가 다 떨어졌는데……. 펩시는 안 될까요?" 너무 미안해하는 통에 오히려 내가 의아한 표정으로 대답했다. "펩시도 콜라 아닌가요?" 직원은 알듯말듯하다는 야릇한 표정으로 펩시를 가져다주었다. 우리 문화에서는 시커멓고 톡 쏘는 맛을 가진 달달한 서양 음료는 모두 "콜라"라고 부르는 데 비해 태국에서는 "콜라"와 "펩시"를 별개의 음료로 구분한다는 것을 그때 처음 알게 되었다. 태국 음료 문화의 낯선 일면을 경험한 순간이었다.

마실 때에는 빨대를!

또 한 가지 색다른 음료 문화는 먹는 방법이다. 태국에서는 거의 모든 음료는 빨대로 마신다. 편의점에서 물을 한 병 사면 물병보다 긴 길이의 빨대를 봉지에 함께 넣어준다. 캔음료를 사도 마찬가지다. 심지어 식당에서 물이나 음료를 시키면 컵이 크든 작든 빨대가 꽂혀져서 나오는 것이 보통이다. 처음에는 워낙 식사 예절을 중시하는 태국사람들이라 고개를 젖히고 먹는 것이 보기에 안 좋아서 그런가 보다 했다.

그런데 사실 더 중요한 이유는 위생적인 이유라는 것을 후에 알았다. 음료수병은 재활용이 되는 경우가 많기도 하고, 음료수가 유통되는 과정에서 병이나 캔 뚜껑에 이물질 등이 묻을 수 있어 빨대를 사용하는 것이다. 또한 대중식당에서 설거지할 때 컵을 깨끗하게 씻는다는 것을 보장하기 힘든 경우가 있기 때문에 컵에도 빨대를 꽂아 먹는 것이 일상화되어 있다. 그렇게 물컵에조차도 빨대를 꽂아서 먹는 생활을 10년가량 하고 한국에 돌아와서 한동안은 음료수를 사러 가서 빨대를 좀 챙겨달라고 할 때마다 유난 떤다는 식의 눈길을 보내는 가게 주인들의 따가운 눈초리를 받아야 했다.

아이디어가 돋보이는 봉지 손잡이.
한국에서도 출시를 기대해 본다

태국 길거리에서 음료를 소위 "테이크아웃"할 때 음료를 얼음과 함께 봉지에 담아서 파는 경우가 많다. 이는 장사꾼들이 포장 원가를 줄이고 또 음료수 병을 따로 수거할 필요 없이 재활용하기 위한 것이다. 그래서 점심 시간이 끝나갈 때쯤 회사 근처나 학교 근처를 가면 봉지 음료를 들고 걸어가며 빨대로 먹는 사람들을 어렵지 않게 볼 수 있다. 물론 환경보호 측면에서는 분해가 힘든 비닐 재질이 종이컵보다 안 좋은 것이 사실이다. 그러나 흔들려도 용기 밖으로 내용물이 넘치지 않아 이동성이 뛰어난 데다가 심미적인(?) 효과와 재미도 있어 외국인들의 눈에는 매우 흥미롭게 보인다.

한국에선, 태국의 "봉지 음료"에서 아이디어를 착안한 "봉지 칵테일" 가게가 홍대 근처에 개업해서 큰 인기를 누리기도 했다. 이국적이고도 실용적인 아이디어가 대학생들을 중심으로 호응을 얻은 것이다. 손님 중 몇몇은 봉지 칵테일을 마시며 태국의 어느 거리에서 봉지 음료를 마시던 여행의 추억을 떠올렸을 것이다.

다채롭고 자극적인 태국 음식과 찰떡 궁합인 태국 음료들

태국 음식의 맛을 한마디로 표현하라면 "자극적인 맛"이라고 할 수 있다. 태국사람들은 다양한 자극적인 맛들이 입안에서 조화를 이루는 맛의 향연을 가장 이상적인 음식 맛으로 여긴다. 그래서 설렁탕이나 삼계탕 맛을 본 태국사람들의 반응은 대부분은 "싱겁다"이며, 한국에 한동안 머물면서 두장(豆醬)을 기본으로 한 한국 음식을 접하는 태국

"차옌"을 큰 컵에 넣고 팔을 높이 들어 부어가며 묘기를 부리듯 만들어내는 "차착".
시각과 미각을 모두 만족시키는 태국 남부의 명물 음료다

사람들은 "맛이 다 거기서 거기다"라든가, "진부하다"라는 느낌을 받는다고 하는 경우가 많다. 대표적인 태국음식 "쏨땀(ส้มตำ, 파파야샐러드)"이나 "똠얌(ต้มยำ, 매콤새콤한 국물요리)"을 한 입 떠 먹으면, 그 한 입에 맵고, 짜고, 달고, 새콤하고, 고소한 각각의 미각이 입속에서 한데 어우러지는 다채로운 향연을 경험할 수 있다. 식사류가 자극적인 맛 위주이고, 특히 매운 음식이 많다 보니 태국인들은 일상적으로 달달한 맛의 음료를 마신다. 단맛이 너무 강해 마시면 건강을 해칠 것 같은 느낌이 들 정도인 음료도 많다.

태국의 대중 음료 중에서 세계적으로 가장 유명한 음료는 단연 "차타이(ชาไทย)"이다. "차타이"는 "차옌(ชาเย็น, 아이스티)" 또는 "차놈옌(ชานมเย็น, 아이스밀크티)"이라고도 부르는데, 실론티를 진하게 우려서 우유와 설탕을 타거나 연유를 섞어 얼음과 함께 차게 마시는 음료이다. 차의 향과 연유의 향이 어우러진 차타이는 태국 음식과 찰떡궁합이다. 외국인들도 매우 선호해서, 2012년 시엔엔고(CNNgo)에서 조사한 전세계 음료 순위에서 태국 음료로는 유일하게 27위에 랭크되기도 했다. 당시 1위를 차지한 것은 "물"이었다. 남부 지방으로 가면 "차착(ชาชัก)"이 있다. 손잡이가 달린 큰 컵에 차옌을 넣고 팔을 높이 들어 다른 쪽 팔에 들고 있는 컵에 부어가면서 풍성한 거품을 내어 카푸치노와 같은 형태로 마시는 것을 차착이라고 한다. 시각과 미각을 모두 만족시키는 명물로 음료의 예술적 진화를 보여주기도 한다.

"차타이"이외에도 일반적으로 식사와 함께 많이 먹는 음료로는 "오리앙(โอเลี้ยง)"이라는 블랙 커피와 "껙후아이(เก๊กฮวย, 국화차)", "차담옌

매콤한 음식에 안성맞춤인 달달한 오리양

(ชาดำเย็น, 아이스티)", "차마나우(ชามะนาว, 아이스라임티)" 등이 있다. 이렇게 차를 진하게 우려 만든 음료들은 대부분 중국계 음식류와 함께 먹는 것으로 보아 중국 식문화와 함께 전래되어 태국식으로 달게 진화되어 발전한 것으로 보인다.

그 밖에도 더위를 식혀줄 과일 주스류도 매우 발달해 있다. 과육을 얼음과 함께 갈아내서 만든 음료는 과일 이름 뒤에 "빤(ปั่น, 갈다)"을 붙여 부른다. 예컨대 "땡모빤(แตงโมปั่น, 수박주스)" "마나우빤(มะนาวปั่น, 라임주스)" "마무앙빤(มะม่วงปั่น, 망고주스)" 등이다. 열대 과일의 천국인 태국에서 음료로 누릴 수 있는 호사 중의 호사인 것이다.

한편, 불교의 가르침과 더운 날씨 탓에 태국은 음주 문화가 발달해 있지는 않다. 대개는 위스키를 얼음을 채운 소다수에 희석해서 먹거나 맥주에 얼음을 넣어 마시는데, 취하도록 마시기보다는 식사 시에 반주로 먹는 경우가 많다. 술을 파는 시간도 정해져 있어 한낮에는 술을 팔지 않고, 또 국경일이나 선거일 전날에는 전국적으로 주류 판매가 금지된다. 음주운전 예방 차원에서 국도변의 편의점이나 휴게소에서는 술을 팔지 않는다. 음주 행위를 보는 것이 시청자에게 부정적인 영향을 줄 수 있다고 해서 지상파 방송에선 술과 담배는 모자이크 처리된다. 그러나 맥주를 마시면서 축구 중계를 시청하는 것은 태국인들의 대표적인 취미 생활 중이다. 최근 들어서는 한류의 영향으로 편의점에서 한국의 소주도 판매되고 있다. 조만 간에 태국인들 사이에 "삼겹살에 소주 한 잔 하자"는 인사말이 생겨날지도 모를 일이다.

5
태국인의 식습관

포크와 스푼으로 식사하는 나라

대학 재학 시절, 태국 남부 쏭클라대학교에서 초빙되어온 태국인 교수님이 한 분 계셨다. 체구는 작으셨지만 검은 뿔테 안경을 쓰시고 품격과 위엄을 갖추신 분이었는데, 한 번은 학과에서 조그만 행사가 끝나고 그 교수님과 구내 교수식당에서 식사를 같이 하게 되었다. 그때 메뉴가 돈까스였다. 식사를 하다가 옆에 앉아 계신 교수님을 보니 나이프를 옆에 두고 포크로 고기를 고정시킨 다음에 스푼 옆면을 세워 써시는 것이었다. 그래도 영국의 명문 옥스포드 대학에서 박사학위를 하셨다는 분이 양식을 아주 "촌스럽게" 드시는 모습을 보고 나는 참으로 당혹감을 감출 수 없었다.

졸업을 하고 태국으로 유학을 가서 이내 나이프를 쓰지 않고 포크와 스푼으로만 식사하는 태국인들의 식습관을 이해할 수 있었다. 태국의 음식은 양식과 달리 거의 대부분 완성된 요리로 식탁에 오르기

바나나나무 잎에 담겨 있는 카놈크록. 코코넛 반죽을 동그란 틀에 부어 만드는 간식으로 손으로 먹는다

때문에 군이 나이프를 쓸 필요가 없는 것이다. 옛날 태국인들은 손으로 식사하던 시절이 있었다. 이를 "삡(กิน)"이라고 하는데 태국어의 "랑므삡(ล้างมือกิน)"이란 말은 직역하면 '음식을 먹으려고 손을 씻는다'는 뜻인데 우리 말 "떡 줄 사람은 생각도 않는데 김칫국부터 마신다"에 대응되는 말이다. 나중에 서양문화를 받아들이면서 포크와 스푼을 사용하고, 중국으로부터 쌀국수를 받아들이면서 젓가락도 부분적으로 사용하게 되었다. 그러나 젓가락 사용은 한국인처럼 섬세하지 못하다. 오늘날 일상생활에서 손으로 밥을 먹는 사람을 보기 어려워졌지만 일부 음식은 손으로 먹는다. 쏨땀과 같이 먹는 찹쌀밥은 손으로 먹는 경우가 많고 일부 바나나 잎으로 싼 "카놈"도 손으로 먹는다.

스푼의 경우 태국인들이 사용하는 스푼은 길이가 짧은 것이 보통이다. 한국과 달리 국 문화가 발달하지 않은 탓이기 때문인 것 같다. 어느 태국인 교수가 한국 음식을 먹으면서 숟가락의 길이가 긴 것에 감탄하는 것을 본 적이 있다. 태국인들이 사용하는 스푼은 길이가 짧아 국이나 찌개류를 먹을 때 자칫하면 그릇 안에 빠지기 십상이다. 그런데 한국에서 식사를 하면 설렁탕이나 육개장 같은 큰 그릇에 담긴 음식을 먹다 숟가락을 그릇 안에 놓아도 빠지는 법이 없다. 태국인 교수는 이를 '한국인의 탁월한 지혜'라고 추켜세웠다.

태국 음식은 주로 접시에 담아 먹는 경우가 많다. 국이나 찌개류 그리고 국물이 있는 쌀국수의 경우를 제외하고 대부분 접시에 담는다. 한국의 경우 밥은 옛날에 사발에 담아 먹다가 식사량이 줄어들면서 작은 공기에 담아 먹는다. 그러나 태국인의 경우는 예나 지금이나 접

손잡이 길이가 짧은 태국식 스푼

태국인들은 밥을 주로 접시에 담아 먹는다

시에 담는다. 한국인이 사발에 밥을 담는 것은 아마도 한국은 추운 나라라서 따뜻한 밥을 먹기 위함이고 태국은 더운 나라다 보니 그럴 필요가 없었던 것 아닌가 하는 생각이 든다. 식기세척기가 한국형이 따로 필요한 이유도 한국의 식기가 서양과 달리 속이 깊은 사발이나 대접이 많기 때문이라고 한다.

　한국은 비빔밥을 먹는 경우가 아니면 대개가 밥과 국 그리고 반찬을 차려 놓고 먹는데 태국인들은 간편하게 먹는 경우에 접시 위에 밥을 퍼서 담고 그 위에 반찬을 한두 가지 얹어 먹는 덮밥의 형태로 먹는다 이를 "카우랏깽(ข้าวราดแกง)"라고 한다. 한국은 밑반찬 문화가 발달해서 식사가 끝나면 남은 반찬이 대부분 다시 냉장고로 들어가지만, 태국인들은 식사가 끝나면 음식을 거의 남기지 않는다. 이러한 식습관의 차이로 한국의 가정에는 어느 집에 가도 대형 냉장고가 주방 한 켠에 놓여 있고 그 옆에 김치 냉장고가 하나 더 있는 데 비해 태국인의 가정에 가보면 대형 냉장고는 찾아보기 어렵다. 대개 소형 냉장고 하나 있는 정도고 그 안에는 물이나 음료수 종류만 몇 가지 들어 있는 것이 보통이다.

같이 먹지만 따로 먹는 식습관

한국인이 태국인과 같이 한식을 먹게 되면 가장 곤란한 것이 찌개류를 먹을 때이다. 한국인은 오래 전부터 식탁 한 가운데 찌개를 놓고 온 가족이 둘러 앉아 각자의 숟가락으로 찌개를 떠먹는 식습관에 익숙해

반찬 접시마다 천끌랑(공용수저)이 놓여져 있는 것을 볼 수 있다

져 있다. 그러나 태국의 경우에는 모든 반찬을 "천끌랑(ช้อนกลาง)"이라고 부르는 공동 수저를 사용하여 각자의 접시로 가져가 먹는다. 한국도 많이 바뀌어 외식하는 경우에는 공동수저와 개인접시를 사용하는 추세로 바뀌고 있지만 집에서 가족끼리 식사할 때는 아직도 공동수저를 사용하지 않는 경우가 많다.

고기가 귀하던 시절 적은 양의 고기를 여럿이 나누어 먹는 합리적인 방법은 국을 끓여 먹는 것이었다. 그래서 한국은 국문화가 발달하고 찌개와 탕과 같은 국물 있는 음식이 많다. 그럼에도 불구하고 한국인이 사용하는 숟가락을 보면 깊이가 낮아 국물을 떠먹기에 그다지 적합하지 않다. 그런데 태국인들이 사용하는 스푼은 손잡이는 짧지만 음식이 담기는 공간이 깊이가 있어 국물을 떠먹기 좋다. 그래서 그런지 한국인들이 국물을 먹을 때 수저로 먹다가 나중에는 그릇째 들고 마시는 경우가 많다. 그런데 태국인들의 경우에는 국물은 숟가락으로 떠서 먹지 그릇째 들고 마시는 경우가 없다. 태국어에 '그릇째 들고 마시다'의 의미를 지닌 "쏫(ซด)"이라는 동사가 있기는 하지만 실제로 그렇게 하는 경우는 거의 없다. 태국인들이 한국에 와서 냉면을 먹을 때 젓가락만 나오고 숟가락이 나오지 않는 경우에 당황하는 것은 바로 이 때문이다. 결국 눈치를 보다가 한국인을 따라 어설프게 그릇을 들고 "쏫"을 할 수 밖에 없다.

남프릭을 맛보면 그 집안의 음식 솜씨를 안다

태국은 외식 문화가 발달한 편이다. 대개는 부부가 맞벌이 하는 가정이 많고 음식 자체가 밑반찬류가 아닌, 먹고 남는 것은 버리는 일회성 음식이 많은 까닭이다. 태국의 재래 시장에 보면 반찬을 주로 파는 가게들이 많다. 부인들이 퇴근하면서 반찬 몇 가지를 사서 비닐 봉지에 담아가서는 밥만 지어 가족과 함께 저녁으로 먹는 집이 많다. 외식을 하는 경우에는 몇 가지 반찬을 시켜서 밥과 같이 먹는데, 태국의 음식 문화에 있어서 반찬을 뜻하는 "깝카우(กับข้าว)"는 한국의 반찬과 다소 다른 점이 있다. 한국의 반찬은 반드시 밥과 먹는 부식이지만 태국의 깝카우는 밥 없이 그것만을 먹을 수 있는 음식인 것이 적지 않다. 그래서 태국어에서 "탐깝카우(ทำกับข้าว, 반찬을 만들다)"는 "탐아한(ทำอาหาร, 음식 만들다)"과 유의어로 '음식을 만들다'의 의미에 더 가깝다.

아무리 외식문화가 발달했다고는 하지만 그래도 밥은 집에서 먹는 것이 가장 맛있기는 마찬가지이다. 가족들의 입맛도 그 집의 음식 솜씨에 길들여지게 마련이다. 한국에서도 아무개 집의 장맛이 좋다 나쁘다 이야기하는 것은 곧 그 집안의 음식 솜씨를 평가하는 척도가 된다. 태국에서 "남프릭(น้ำพริก)"은 고추장인데 주부의 손끝에서 나오는 독특한 맛을 지닌다. 태국 속담에 "낀남프릭 투아이디아우(กินน้ำพริกถ้วยเดียว)"라는 말이 있다. 뜻을 풀어보면 '한 사발의 고추장만 먹는다'는 말인데 이는 곧 '한 여자가 만들어주는 음식만 먹는다'는 뜻으로 '조강지처와 해로하다'는 의미이다.

© 이지영

열대과일의 왕이라 불리는 투리안

과거 먹을 것이 귀했던 한국 사회에서 손님으로 가면 "차린 건 없지만 많이 드세요"하는 것이 집주인의 인사말이었다. 요즘은 생활이 나아지면서 "맛있게 드세요"로 바뀌었다. 태국에서는 "많이 드세요"라고도 하고 "맛있게 드세요"라고도 한다. 그런데 음식 중에서 한 조각 남은 음식은 아무래도 서로 체면을 차리면서 쉽게 가져다 먹지 못한다. 이 한 조각 남은 음식을 태국어로 "친끄렝짜이(ชิ้นเกรงใจ)"라고 한다. '부담이 가는 조각'이라는 뜻인데 이를 상대방에게 권하기 위해서 하는 말로 남은 한 조각을 마저 먹는 사람이 미인을 아내로 얻는다고 한다. 그렇다면 태국에서 미인을 아내로 두고 사는 사람들을 만나면 정말로 결혼하기 전에 마지막 한 조각을 먹어 치운 적이 있는지 한 번쯤 물어볼 일이다.

6
아편에서 커피로

· ·

치앙라이의 고산족 커피 마을, 파히

2013년 초, 필자는 EBS 방송국의 다큐멘터리 "세계테마기행" 촬영 차 태국 북부 미얀마 국경지대인 치앙라이 주를 찾은 적이 있었다. 그 때 찾아간 곳이 치앙라이 도심에서도 차로 산길을 따라 한참을 가야 닿을 수 있는 마을이었는데. 바로 소수민족인 아카족이 사는 파히 마을이었다. 마을 입구에서부터 비릿한 콩 냄새가 진동했다. 파히 마을은 거의 모든 주민이 커피 재배하는 일에 종사하고 있다. 아라비카종 커피나무를 심고, 붉게 익은 커피체리를 핸드피킹(Hand picking)으로 한 알 한 알 채집하고, 채집한 커피체리를 펄핑(Pulping)작업을 통해 외피와 과육을 벗겨낸다. 생두는 하루 정도 물에 불려 점액질을 제거 한 후 깨끗이 씻어내고, 지붕에서 좋은 볕에 일주일을 말려 완전히 건조한다. 파히 마을은 저녁이 되면 채집한 커피체리를 펄핑하는 탈곡기의 소리로 요란해진다. 경사가 험한 마을의 고갯마루에서 내려다 보면 지

파히 마을의 전경. 널어놓은 커피 생두가 장관을 이룬다

태국-미얀마 국경지역 푯말

봉마다 생두를 널어놓은 모습이 그야말로 장관을 이룬다.

　사실 이 마을은 아편을 재배하던 마을이었다. 치앙라이 지역은 국경지역이다. 태국과 미얀마, 라오스가 만나는 접경지역인 쏩루악 지역은 악명 높은 아편 재배지역으로 바로 황금 삼각지대(Golden triangle)로 불렸던 곳이다. 아편이 같은 무게의 금과 맞바꿀 수 있을 정도로 비싼 값에 거래가 되었다는 데서 비롯된 이름이다. 한 때 이 황금 삼각지대에서 생산되는 아편과 헤로인은 세계 총 생산량의 70퍼센트를 차지할 정도였다.

아편에서 커피로, 변화한 고산족들의 삶

아편은 문명의 기원 시대부터 인간과 함께해 왔다고 하니 그 역사가 길다. 태국에는 약 13세기 후반 쑤코타이 시대에 중국 상인들을 통해 아편이 유입된 것으로 추정된다. 태국의 경우, 아편의 재배면적 자체는 미얀마나 다른 나라에 비해 크지 않았지만 아편의 해외 유통이 주로 태국 항구를 통해 이루어졌기 때문에 지역내 아편문제의 근절을 위해 큰 노력을 기울였다.

　습기가 많고 기온이 낮은 고산지역이 아편 재배에 적합하기 때문에, 태국에선 주로 고산지대에 거주하는 소수민족들이 아편을 재배했다. 이로 인하여 삼림과 수원이 훼손되고 아편 중독으로 인한 국민보건과 사회범죄 등 각종 문제가 심화되었다. 아편 재배 근절의 필요성이 대두되기 시작한 것은 1950년대 말인데 이때부터 아편 재배 근절 및 고

더이뚱 프로젝트를 추진한 씨나카린 여사의 로얄 빌라

산족 복지 향상 정책이 실시되기 시작하였다. 1969년 태국 왕실의 "고산족 개발 프로젝트"를 비롯해 1973년에는 유엔 마약남용규제기금의 후원 하에 이루어진 "아편재배 대체 및 공동체개발계획"이 수립되었다. 태국 정부의 아편 재배 근절 노력이 본격화되면서 추가적으로 많은 프로젝트가 시행되었다. 1987년부터 시작된 푸미폰 국왕의 모친 씨나카린 여사의 "더이뚱 프로젝트(Doi Tung Project)" 역시 치앙라이 지역의 녹화와 아편 추방 그리고 주민 재활에 큰 공헌을 한 것으로 평가된다.

치앙라이 지역 커피 재배 증가와 발전

수십 년에 걸친 태국 정부의 노력은 상당한 수준의 결실을 맺었다. 현재 태국에서 아편 재배지 면적은 90퍼센트 이상 감소하였고, 아편을 대신하여 수익성이 높은 커피, 차, 서양란, 망고, 유기농 채소 등의 작물이 그 자리에 심어졌다. 특히 커피는 많은 연구를 통해 고도와 토양 등의 재배 조건과 환경이 아편과 비슷함이 입증되었다. 커피가 아편의 대체 작물로 매우 적합한 것으로 판명된 것이다. 파히 마을의 경우 커피 재배를 통한 한 가정의 월 소득이 적게는 5만 바트(약 200만 원)에서 많게는 20~30만 바트(800~1,200만 원)에 이른다고 한다. 이는 한국 기준으로도 결코 적지 않은 소득 수준이며 태국 물가 수준에 비춰보면 엄청나게 높은 수준의 소득을 올리고 있는 것이다.

현재 치앙라이의 커피 재배 지역은 약 6만 3,000 평방킬로미터로 연

커피열매를 핸드피킹하는 치앙라이 농부

간 생산량이 3,500톤 정도이다. 주요 생산 지역은 더이창, 더이와위, 파나싸완, 빵컨, 파히 등이다. 더이창의 아라비카 커피는 세계적으로도 그 풍미를 인정받아 내수뿐 아니라 수출도 점차 증가하고 있다. 관광객의 발길도 계속 늘어나 연간 백만 명 이상의 관광객이 치앙라이를 찾고 있다. 또한 메콩강 유역 개발 가속화에 따라 교통과 물류의 중심으로서 치앙라이의 중요성이 대두되었다. 지난 2012년 3월 잉락 친나왓 총리는 치앙라이를 특별국경경제구역 가운데 하나로 지정하였으며, 이에 따라 향후 태국 북부의 주요 국제 관광지로 개발할 예정이다.

이렇게 아편 재배 지역이 획기적으로 줄어들고 고산족들의 소득과 복지수준이 높아지면서 유엔은 태국의 사례를 세계 아편 재배 근절의 모범 사례로 평가하고 아프가니스탄의 아편 재배 근절을 위한 실행 모델로 채택하기도 했다.

마약과의 전쟁, 그 한계와 과제

그러나 아편 재배 근절을 위한 노력에도 불구하고 마약 유통과 소비까지 뿌리 뽑지는 못한 모양이다. 2012년 태국 내 마약 사건은 2011년에 비해 오히려 소폭 증가하여 5.4퍼센트로 집계되었다. 많은 양의 마약이 여전히 골든 트라이앵글 지역을 통해 태국으로 밀수되어 들어오고 있으며, 이러한 마약의 주 소비층은 청소년으로 알려져 있다. 태국 마약 통제위원회에 따르면 지난 2011년 10월부터 2012년 3월 사이 검거된 마약 사범은 총 601명, 333건이었다. 이는 전년도 같은 기간에 비해 수는 줄었지만 압수한 마약의 양은 오히려 증가한 것이었다.

정부가 바뀔 때 마다 마약과의 전쟁은 가장 시급한 현안이자 과제로 꼽고 있다. 그러나 마약 문제는 개별 국가뿐 아니라 지역내의 협력과 노력을 통해서만 생산과 유통과 소비의 순환 고리를 끊어낼 수 있다. 아세안 등의 공동체 차원의 노력이 필요한 부분이다.

촬영을 마치고 파히 마을을 떠날 때 누군가가 "아직 일부는 마약 중독자"라고 한 말이 귓가에 오래 남았다. 실제로 여유로운 주민들의 모습에서 소박함과 행복은 찾아보기 어려웠다. 그래서인지 파히 마을에서 마신 갓 볶아낸 원두커피의 끝 맛은 씁쓸한 여운을 주는 듯한 느낌을 지우기 힘들었다.

V

태국인의 일상생활

1
태국에는 게이가 많다?

∙∙

"태국은 왜 게이가 많아요?"

태국문화 강연을 하면 가장 많이 받는 질문 중의 하나가 게이에 관한 것이다. 태국에는 왜 유독 게이가 많을까? 사실 석·박사 학위를 하면서 10년 동안 태국에서 태국인과 부대끼며 살았는데도 답을 알아내지 못한 질문 중의 하나이기도 하다. 태국 대학생은 교복을 입는데 그 중에서 여학생 교복을 입고 등교하는 남학생도 심심찮게 볼 수 있다. 인문계열은 학생이건 교수건 열에 아홉은 게이라고 우스갯소리도 한다. 길에서도, 음식점에서도, TV에서도 게이를 쉽게 볼 수 있다.

태국에 게이가 많은 이유에 대해 각종 낭설이 떠돈다. 혹자는 "태국이 음기가 강해서 말도 여성스럽고 남자들도 여성스러워진다"고도 하고, 혹자는 "식재료인 팍치(ผักชี, 고수)가 정력을 감퇴시키는 효능이 있어서 남자들이 여성스러워진다"고도 한다. 그러나 모두 근거가 부족한 궤변이다. 팍치를 많이 먹고도 아주 마초스러운 남자도 많고, 몸은

여학생 교복을 입은 게이 남학생의 모습(출처: www.unigang.com)

여자인데 남자처럼 꾸미고 다니는 "텀"도 많다.

이 밖에도 잦은 전쟁으로 부모들이 자식을 전쟁터에 보내지 않기 위해 여장을 시켰다거나, 전쟁이 오랜 기간 이어지면서 여장 남자인 까터이가 늘어나게 되었다고 하는 설도 있고, 태국어는 성조, 부드러운 음역대, 비음 섞인 톤의 특성이 있어 말을 할 때에 자연스레 억양이 비교적 부드러운 편인데, 이러한 특성 때문에 태국 남성이 여성화되고 있다는 설도 있다. 그러나 태국과 오랫동안 전쟁을 치렀던 미얀마는 언어도 태국어와 같은 성조어이지만 태국처럼 까터이가 많지는 않다. 그나마 타당성이 있어 보이는 것은 불교사상에 기반한 관용 정신과 서로에게 간섭하는 것을 꺼려하는 국민성 때문이라는 설이다.

그럼 왜 유독 태국에 게이가 많을까? 태국에서 동성애자를 공식 집계한다는 것은 한국만큼은 아니더라도 역시 쉬운 일이 아니다. 지난 2012년 태국 보건복지부는 태국 남성 약 3,200만 명 중 남성과 성관계를 하는 사람의 숫자를 약 60만 명으로 집계했다. 여성동성애자에 대한 내용은 빠져 있지만, 어쨌든 남성 중 2퍼센트가 안 되는 숫자니 우리가 흔히 떠올리는 "태국은 게이천국"이라는 이미지에는 훨씬 못 미치는 수치다.

흥미로운 조사 결과가 있다. 지난 2014년에 아시아 국가 중 페이스북 상에서 "커밍아웃"한 사람, 즉 자신이 동성애자임을 공식적으로 밝힌 사람 수를 집계한 결과가 발표된 적이 있다. 1위는 인도로, 총 사용자 약 1억 명 중 300만 명(약 3퍼센트)이었다. 사용자 수 자체가 많은 탓도 있지만 비율로도 높은 수치를 보였다. 베트남과 인도네시아가 각각

2위와 3위를 차지했으며, 태국은 총 사용자 2천800만 명 중 "커밍아
웃"한 사람이 34만 명으로 약 1.2퍼센트에 그쳤다. 아름다움을 사랑하
고 그것을 과감하게 드러내기를 좋아하는 태국 여장남자들의 모습을
떠올린다면, 이는 기대보다 훨씬 적은 숫자이다. 심지어 10위를 차지한
한국(총 사용자 1,400만 명 중 28만 명, 약 2퍼센트)보다도 훨씬 적은 비율이
다. 이 자료만 보아도, 우리가 가지고 있는 통념, 즉 절대적인 숫자나 비
율로 보았을 때 과연 태국이 다른 아시아 국가들보다 동성애자의 비율
이 많은지에 대해 의문이 들게 된다. 어쩌면 다른 나라 보다 "게이가 많
은" 것이 아니라 "많아 보이는" 것일지도 모른다.

열여덟 가지 성별이 있는 나라, 태국

적어도 태국사람들은 우리보다 성별에 관심을 더 갖고 있는 것 같다.
태국어에는 성별을 나타내는 말이 상상을 초월할 만큼 다양하다. 우
스갯소리지만, 태국에는 열여덟 가지의 성별이 있다고 할 정도다.

  일단, 태국을 여행해 본 사람이라면 한 번쯤은 들어봤을 만한 "까
터이(กะเทย)"라는 말은, 프랑스인 신부 장밥티스트 팔르구아(Jean-
Baptiste Pallegoix)가 1854년 집필한 태국어 사전에는 "자웅동체
(Hermaphrodite, 남성과 여성의 성기를 한 몸에 지니고 태어난 자)"라 번역되
어 있는데, 현재는 "신체는 남자인데 여자처럼 꾸미고 다니는 사람"을
지칭하는 말로 사용된다. 그 외에도 "텀(ทอม, 남자처럼 꾸미고 다니는 여
자라는 뜻으로 영어의 '톰보이'에서 온 말)", "디(ดี้, 텀을 좋아하는 여자라는 뜻으

로 영어의 '레이디'에서 온 말)", "아담(อดัม, 텀을 좋아하는 남자)", "체리(เชอร์รี่, 게이와 '끄라터이'를 좋아하는 여자)" 등의 성 정체성을 가리키는 말이 있다. 또한 같은 동성애자 커플 안에서도 주도적 성향을 가진 사람은 "킹(คิง, 왕)", 그 반대의 성향은 "퀸(ควีน, 왕비)"을 수식어로 붙여 구분한다. 그 외에도 다양한 성적 취향을 한꺼번에 가지고 있는 사람들도 각각 이름을 붙여 구분하기도 한다. 이런 말들은 슬랭(slang)으로 계속 변화하는데, 이는 태국인들이 동성애에 대해 가지고 있는 유별난 관심을 방증한다고 할 수 있다.

태국 내 동성애의 오랜 역사

동성애는 인류의 역사와 함께 해왔다고 해도 과언이 아니다. 역사에 기록된 최초의 동성 커플은 기원전 2,400년으로 알려져 있다. 이집트의 크눔호텝(Khnumhotep)과 니안크크눔(Niankhkhnum)의 합장 묘에는 "살아서도 함께, 죽어서도 함께(Joined in Life and Joined in death)"라는 문구가 새겨져 있다. 그리스 시대에는 남성이 가장 완벽하고 아름다운 생명체로 여겨져 남성 간의 사랑, 특히 스승과 어린 제자 간의 사랑이 고결한 형태의 사랑으로 선호되었다고 하며, 우리에게 잘 알려진 많은 고대 철학자들 역시 그러한 연인 관계였다고 전해진다.

불교『본생담』에도 동성애자에 대한 기록이 있고, 태국의 여러 사원 벽화에도 동성애를 나타내는 그림이 남아 있다.『프라뜨라이삐독(พระไตรปิฎก, 불교 삼장)』에도 "반더(บันเฑาะก์)"라 부르는 동성애 성향을 가진 남성에 대한 내용이 기록되어 있는데, 이러한 동성애적 행동을 지양하도록 하고, "반더"와 거세자, 그리고 자웅동체는 출가를 할 수 없다고 규정하였다.

동성애 사례의 공식적이고 직접적인 기록은, 랏따나꼬씬 왕조 역사를 기록한 『랏따나꼬신 실록(พงศาวดารกรุงรัตนโกสินทร์)』에 남아 있다. 라마2세 시대 마하탓 사원(วัดมหาธาตุ)의 종정이 자신의 제자인 승려와 성기를 만지는 등의 음란행위를 한 죄로 종정을 폐하고 사원에서 쫓겨났다고 기록되어 있는데, 이를 보면 적어도 200여 년 전부터 태국에 동성애가 존재했다는 것을 알 수 있다. 또한 아유타야 초기 시대로부터 전해져 내려와 랏따나꼬씬 초기에 정리·기록된 것으로 알려진 삼인법전(三印法典)『꼿마이뜨라쌈두앙(กฎหมายตราสามดวง)』에도 남성이나 여성의 성향을 가지지 않는 성 정체성이 분명하지 않은 자를 "반더"로 규정하고 법정에서 증인으로 서지 못하도록 한 것으로 보아, 사회문제의 하나로 여겨지고 있었음을 엿볼 수 있다.

태국 내 동성애가 그보다 훨씬 더 오래 전부터 있음을 알려주는 다른 사료도 있다. 아유타야 시대에 태국에 주재했던 네덜란드 무역상 요스트 쇼우텐(Joost Schouten)이 고국으로 돌아간 뒤 1644년 남색의 죄목으로 화형에 처해졌는데, 형 집행 전 그는 자신의 동성애적 행동을 아유타야에서 배웠다고 진술했다. 이외에도 왕족의 동성애적 취향이나 궁녀들 사이의 동성애(렌프안, เล่นเพื่อน, 동무를 희롱한다는 뜻) 등에 대한 이야기가 오늘날까지 은밀하게 전해져 내려오고 있다.

그러나 동성애는 수치스럽고 불경한 행위로 여겨져 이에 대한 공식

궁녀들 사이의 "동무희롱"과 그로 인해 처벌받는 모습을 그린
콩카람 사원의 벽화(출처:www.manager.co.th)

남성 간의 동성애를 그린 푸민 사원의 벽화 (출처: www.travelpx.com)

기록은 많지 않다. 라마5세는 1908년 제정 법률에서 미풍양속을 해치는 행위 중 "인간의 본성을 거스르는 성행위를 하였을 시, 남자 여자 또는 동물에 대한 것을 막론하고 3개월 이상 3년 이하의 징역과 함께 최소 50바트에서 최대 500바트의 벌금형에 처한다"고 규정하기도 했다.

근대화와 민주화의 시대, 동성애에 대한 인식 변화

그러나 라마6세와 7세 시대를 거치면서 동성애에 대한 인식이 조금씩 변화한다. 특히, 라마6세는 예술을 사랑한 왕으로 유명한데, 동성애적인 성향이 있었던 것으로 알려져 있다. 이어 민주화 시대로 돌입하면서는 일반인 사이의 동성애 행위가 암암리에 더욱 성행하게 되었다. 1935년에는 투아담(ถั่วดำ, '검은 콩'이라는 뜻)이라는 인물이 10~16세의 소년들을 납치하여 남성들에게 매매춘을 한 매음굴이 발견되어 사회적으로 큰 충격을 안겨 준 일이 일간지 《씨끄룽(หนังสือพิมพ์รายวันศรีกรุง)》에 실렸다(이후 '투아담'은 게이를 상징하는 이름이 되었다).

2차 세계대전 이후 연합군 등 외국인들의 대거 유입으로 이들을 상대로 씰롬, 팟퐁 등지에서 매춘을 하는 게이들의 문제가 사회 문제로 대두되었고, 동성애에 관한 이야기가 수면 위로 올라온 것도 이 때부터로 볼 수 있다. 이후 1980년대에는 남성 게이들을 위한 잡지가 대거 창간되어 인기를 끌었다. 트랜스젠더들의 카바레쇼가 붐을 일으킨 것도 이 즈음이다. 방콕의 칼립소쇼, 파타야의 알카자쇼와 티파니쇼 등

파타야의 유명 트랜스젠더쇼인 알카자쇼를 보고 나면 미모의 댄서들과 함께 사진을 찍을 수 있다

이 유명세를 타면서 태국 트랜스젠더들의 미모가 전세계에 이름을 날렸다. 매년 개최하는 트랜스젠더 미인대회 역시 매우 유명하며, 이를 통해 연예계에 데뷔하는 사람들도 생겨났다. 이들을 소재로 한 영화도 제작됐다. 특히,《뷰티풀복서》,《아이언레이디》등의 영화는 태국 내뿐 아니라 해외에서도 큰 호응을 얻었다. 그리고 남성과 여성 중의 하나로가 아니라, "제3의 성(펫티쌈, เพศที่ 3)"으로 구분되고자 하는 사람들도 늘어났다.

"제3의 성"의 사회적 성공, 개인의 취향을 존중하는 사람들

태국에서 게이가 유달리 많은 것처럼 보이는 이유는 무엇일까? 이는 위에서도 잠시 언급했던 것처럼 "과감함"이 한몫 한다. 태국인들은 자유를 사랑한다. 자신이 원하는 것을 하면서 행복을 느끼는 것이 삶의 목표인 사람들이 대다수다. 자신의 행복을 위해 개인적 취향을 적극적으로 드러내고 자랑하고 싶은 것을 과시하는 것이 자연스럽다.

특히 근래 들어 "제3의 성"을 가진 사람들이 사회에서 활발한 활동으로 부와 명예를 얻으면서 이러한 흐름은 더욱 힘을 얻었다. 티파니 미인대회와 국제 트랜스젠더 미인대회를 석권하며 인기를 끌고 연예인으로 데뷔한 트랜스젠더 뻐이 뜨리차다(ปอย ตรีชฎา), 태국 최고의 프리미엄 미용실 프랜차이즈로 유명한 찰라촌헤어의 원장 쏨싹 찰라촌(สมศักดิ์ ชลาชล) 등 뷰티 분야에서 활약하고 있는 유명인은 물론이고, 영화《뷰티풀복서》의 주인공이기도 했던 트랜스젠더 복싱선수 빠린

뻐이 뜨리차다는 17세에 성전환 수술을 받고, 미스 티파니 인터내셔널과 미스 인터내셔널퀸 등의
트랜스젠더 미인대회에서 우승하며 주목을 받았다(출처: entertainment.kachon.com)

쎄리 웡몬타 박사는 미국 박사 출신으로 태국 언론정보학계에서
가장 유명한 학자 중 하나다 (출처: www.nfc.co.th)

야 짜른폰(ปริญญา เจริญผล), 미국 서던일리노이대학교 저널리즘 박사로 태국 탐마쌋대학교 신문방송학과 교수를 지낸 쎄리 웡몬타 박사(ดร. เสรี วงษ์มณฑา), 우본랏차타니주의 꾿카우뿐 병원 원장인 트랜스젠더 의사 쑵파륵 씨캄(นายแพทย์ศุภฤกษ์ ศรีคำ) 등 많은 사람들이 사회 각계 각층에서 두각을 나타내며 활동하고 있다. 이들이 이렇게 유명세를 타고 일명 "하이소(ไฮโซ, 상류층을 뜻하는 영어 '하이소사이어티'에서 온 말)"에 속하게 되면서 "제3의 성"을 가진 사람들에 대한 긍정적 여론이 조성된 것도 이들에 대한 차별과 편견을 줄이는 데 한몫 했다.

물론 TV에서는 아직도 "제3의 성"을 가진 사람들을 비하하거나 희화화하는 경향이 보인다. 그럼에도 많은 이들이 성공과 명예를 이루어 낸 것은 사회적 편견에 맞서기 위해 남들보다 더 부단한 노력을 기울였기 때문이기도 하다. 아직도 사회 특권계층의 경우는 동성애에 대한 부정적 시각을 가지고 있고, 그렇기 때문에 자신의 성적 취향을 숨기기 위해 위장결혼을 하는 경우도 많다고 알려져 있다. 적지 않은 트랜스젠더들은 여전히 성적 유희의 대상으로 소비되고, 적지 않은 영화나 코미디에서 웃음거리로 등장하고 있는 것이 사실이다. 그러나 "아시아에서 게이가 가장 많은 나라"처럼 보일 수 있다는 것, "제3의 성"을 가진 이들이 자신의 취향과 주관을 당당하게 드러내고 존중 받을 권리를 외칠 수 있게 하는 태국인들의 관용과 다양성 존중 정신은 주변의 부러움을 사고 있다.

지난 2015년 7월, 태국의 여론조사기관인 니다폴(Nida Poll)에서는 국민 1,250명을 대상으로 동성애의 사회적 수용에 대한 설문조사를 실시했다. "친구나 직장 동료가 제3의 성인 경우 받아들일 수 있는 가?"라는 질문에 응답자의 88.72퍼센트가 "받아들일 수 있다"고 답했다. "같은 사회 구성원으로서 성을 기준으로 그 사람을 판단하는 것이 아니라 실력과 인품으로 판단해야 하기 때문"이라는 답변이 주를 이루었다. "가족 구성원 중 제3의 성인 사람이 있을 경우 받아들일 수 있는가"라는 질문에도 79.92퍼센트의 사람들이 "받아들일 수 있다"고 답했다. 같은 질문을 한국인들에게 한다면 절대로 이와 비슷한 결과가 나오리라고는 생각하지 않는다. 아직 성 소수자에 대한 재인식과 배려를 위해 갈 길이 멀다 하겠다.

2
태국인을 강하게 키우는 전통무술 무아이타이

왕들도 즐기던 무아이타이

어릴 적 태국을 알게 되었던 키워드 중의 하나는 킥복싱이라고 불렸던 무아이타이였다. 당시 시골에서는 동네 청년들이 야산에 조그만 공간을 만들어 체력 단련장으로 사용하였다. 태권도와 당수를 하는 사람들도 있었고 한 켠에서는 역기를 들어 올리며 몸의 근육을 단련시켰다. 킥복싱을 하는 사람은 없었지만 그 자리에서 킥복싱이 발을 사용하기 때문에 매우 격한 운동이며 다른 여느 호신술보다 위력이 세다는 이야기를 여러 번 들었다.

그 후 태국에서 킥복싱을 본 것은 매주 일요일 오후에 방영되는 7번 채널의 《무아이타이쩻씨》를 통해서였다. 룸피니 공원에서 하는 경기를 7번 채널에서 중계해주는 프로그램이었다. 그러나 막상 경기모습을 보면 좀 지루하기도 하고 딱히 통쾌한 장면도 자주 나오지 않아 어릴 적 상상했던 것과는 많이 달랐다.

무아이타이의 진수를 보여주며 전세계적으로 흥행했던 영화 "옹박"의 포스터

킥복싱은 태국어로는 "무아이타이(มวยไทย)"라고 한다. "무아이"라고 하는 말은 본래 '감다' 또는 '묶다'의 의미를 지니고 있다. 실제 권투를 할 때 손을 천이나 줄로 감고 했기 때문에 무아이타이라고 이름이 붙은 것이다. 1960년대에 일본의 한 흥행사가 무아이타이 선수를 일본에 진출시켜 성공했는데 다리 기술을 많이 쓰는 특성을 보고 킥복싱이라는 이름이 하나 더 붙여졌다. 현재 태국과 미얀마 그리고 캄보디아에서는 청코너와 홍코너로 나누어 경기를 하는데 라오스의 청코너에서는 청색이 아닌 하늘색을 사용한다. 오늘날까지 무아이타이는 태국인들이 가장 좋아하는 운동이며 전국에 수많은 경기장에서 많은 경기가 열리고 있다. 주요 공중파 채널에서 중계방송을 하기도 한다.

나라를 구하는 무술, 무아이타이

무아이타이는 오랜 역사를 지니고 있다. 본래는 전쟁에서 사용하던 호신술이며 공격술이었다. 전쟁을 하면서 무기를 잃었을 때 사용할 수 있는 가장 강한 무기는 주먹과 발, 팔꿈치와 무릎을 사용하는 무아이타이였다. 무아이타이는 그 역사를 거슬러 오라가면 7세기 경에 롭부리 왕국에서 귀족들을 대상으로 가르치던 무예 중의 하나였다. 당시에 창과 칼을 사용하는 검술과 말을 타는 기마술, 그리고 코끼리를 다루는 기상술 등과 함께 무아이타이를 전시에 적을 공격하고 자신을 방어하던 수단으로 가르치기 시작한 것으로 보인다. 나중에는 왕실 훈련원과 민간 훈련원을 따로 설립하여 다른 무술과 함께 훈련하도록 했으며 절에서 행사가 있거나 명절 때에는 서로 선수를 보내 실력과 기량을 겨루는 시합도 개최되었다.

무아이타이가 더욱 더 넓은 세상에 알려지게 된 것은 1767년에 아유타야가 버마의 침략으로 멸망하게 되면서였다. 당시 전쟁 중에 수천 명의 태국 병사가 포로가 되어 버마의 수도로 압송되었다. 어느 날 버마의 왕은 태국 병사와 버마 병사 간의 권투 경기를 열도록 하였다. 포로 석방의 조건을 상으로 내걸었지만 숨은 목적은 버마 병사들의 사기를 높여주기 위한 것이었다. 이때 태국 병사 중에 출신이 알려지지 않은 "카놈똠(นายขนมต้ม)"이라는 인물이 있었는데 혼자서 미얀마 병사 열 명을 차례로 이겼다. 버마 왕은 작은 체구의 카놈똠이 버마 병사들을 물리치는 것을 보고 찬사를 아끼지 않았다고 한다. 매년 3월 17일은 카놈똠을 기리는 날로 전국에서 무아이타이 경기가 열린다.

무아이타이는 왕과 귀족의 스포츠이기도 했다. 역사적으로 보면 나레수안왕과 짜우쓰아왕 그리고 톤부리 왕조를 세운 딱신 등은 매우 탁월한 복서였다. 그 중에서도 짜우쓰아왕은 매우 용감하고 과감하다는 평판을 받았다. 짜우쓰아왕은 사실상 훌륭한 프로복서였다고 해도 과언이 아니었다. 그는 때때로 평민으로 변복하고 여러 경기장에 다니면서 무아이타이 경기에 출전하곤 했다. 사료에 의하면 현재 사용되고 있는 무아이타이 교범도 짜우쓰아 왕에 의해 집필된 것이라고 한다.

헝그리 복서의 삶과 운명

태국의 남부와 말레이 반도에는 빤짜씰라고 하는 무술이 있는데 공격 방법이나 사용 부위가 무아이타이와 흡사하다. 무아이타이에서 공격에 사용하는 신체 부위는 보통은 두 손과 두 발 그리고 양쪽 팔꿈치와 양쪽 무릎 등 여덟 가지를 사용하는데 머리를 추가하여 아홉 가지로 꼽기도 하고 엉덩이를 포함하여 열 가지로 꼽기도 한다. 무아이타이는 이처럼 신체 여러 부위로 상대방을 공격할 수 있다. 그러나 이빨로 물거나 상대방을 껴안고 쓰러뜨리는 것은 허용되지 않는다. 그러나 주먹으로 목덜미를 세게 치거나 팔꿈치로 머리 부분을 가격할 수 있다. 또, 무릎으로 하복부를 쳐서 상대방을 즉시 바닥에 눕힐 수도 있다. 무아이타이의 공격방법은 매우 다양하여 공격하는 동작을 표현하는 어휘가 스무 개가 넘는다. 무아이타이는 각 지역으로 전수되면서 발전해 나갔는데 북동부 쪽은 펀치가 강하고 중부 쪽은 전략이 뛰어나며 남부 쪽은 자세가 좋고 북부지방은 동작이 빠르다는 평가를 받는다.

본래의 전통 무아이타이는 매우 위험해서 경기 도중 목숨을 잃거나 신체에 부상을 입을 확률이 높았다. 라마7세 때 태국 선수와 크메르 선수간의 경기가 있었는데 크메르 선수가 경기 도중 태국 선수의 공격을 받아 사망하는 사건이 일어나자 이를 계기로 국제적인 기준을 적용하여 새로운 무아이타이의 경기 규칙을 제정하게 되었다. 새 규칙에 따르면 각 경기는 5회로 한정하고 매 회 3분이 주어지며 각 회 중간에 2분을 쉬도록 하고 있다. 또 경기 복장은 글러브와 반바지를 착용하도록 하고 있다. 발에는 운동화를 착용하지 못하고 대신에 천을 감도록 했

무아이타이의 본 경기 전 식전행사로 "와이크루"하는 모습

다. 본래는 상대에게 좀더 타격을 가하는 한편 복서의 주먹을 보호하기 위해 손을 끈으로 감았는데 일반 복싱과 마찬가지로 글러브를 끼도록 바꾸었다.

전통에 따라 링에 오르기 전에 복서는 5분에 걸쳐 사부에게 존경을 표하는 "와이크루"의식을 행하게 된다. 이 의식은 스승에게 감사와 존경을 표하는 것으로 링 옆에서 피리와 작은 징에 의해 연주되는 태국 전통음악에 맞추어 춤추듯 걷고 몸을 움직이는 자세로 이루어진다. 이는 경기에 앞서 두려움을 없애고 춤추는 동작을 통해 몸을 푸는 효과가 있다고 한다.

킥복싱을 배워 프로복서가 되려면 여러 해 동안 고된 훈련 과정을 거쳐야 한다. 대부분 어려서부터 시작하는데 7~8세 때부터 시작하는 경우가 많다. 보통은 가난한 집안의 아이들이 킥복싱을 통해 가난에서 벗어나 가족을 부양하고자 하는 꿈을 가지고 시작한다. 그래서 어린 선수들 중에는 소년 가장들이 많다. 현재 태국에는 6만 명이 넘는 선수들이 있다. 복서로 성공하기 위해서는 엄청난 수련과 높은 경쟁률을 뚫어야 한다. 챔피언이 되면 돈과 명예가 따라오지만 그렇게 되기는 그리 쉬운 일이 아니다. 대부분의 복서들은 25세 전후가 되면 링에서 떠나야 하는 운명을 안고 있다.

근래에는 많은 외국인들이 태국에 들어와 무아이타이를 배우고 있다. 그래서 외국인 전용 경기장까지 생겨났다. 태국 전역에 6,000개가 넘는 무아이타이 경기장이 있다. 무아이타이 경기는 어떤 때는 실제로 경기를 하기도 하지만 어떤 때는 단지 보여주기 위한 경기를 하는 경우도 있다. 매번 경기가 열릴 때마다 관중들 사이에 거액의 판돈이 오간다. 보통은 1회전을 끝내고 돈을 거는데 이는 선수들의 기량을 평가하고 나서 그에 따른 돈을 걸 수 있도록 하기 위한 것이다. 무아이타이는 전신 타격이 가능하기 때문에 그만큼 위험이 따른다. 그러나 기회가 되면 복서들은 언제든지 생존을 위해 링 위에 오른다. 일상이 여유로워 보이는 태국 사회에서도 이들의 삶은 고달프고 외로워 보인다.

3
정오를 알리는 대포소리

시간을 알리는 종소리

옛날 사람들은 자연과 더불어 살면서 시간에 얽매이지 않았을 것이다. 그러나 문명이 발전하고 생활이 복잡해지면서 시간을 효율적으로 사용하기 위해 시계가 필요하게 되었다. 그리스의 역사가 헤로도토스 (Herodotus, B.C.484[?]-B.C.430[?])에 의하면 3,500년 전에 인류는 처음으로 해시계를 만들 썼다고 한다. 해의 그림자를 기준으로 시간을 쟀던 것이다. 그러나 비가 오거나 해가 진 후에는 무용지물이 되었으므로 나중에 '물을 훔치다'의 의미를 지닌 클렙시드라(clepsydra)라는 물시계가 만들어지고 모래시계, 양초시계 등으로 다양하게 발전하였다. 역설적이게도 시계가 발달하고 달력이 만들어지면서 현대인은 시간에 얽매여 바쁘게 살아가고 있다.

우리 나라에서는 조선시대 세종 때 장영실이 해시계 앙부일구와 물시계 자격루를 발명하여 일찍부터 정교한 시계를 만들어 썼지만 태국은 시계의 역사가 매우 짧다. 태국에서 처음으로 시계가 사용되기 시작한 것은 비교적 최근의 일이다. 태국 근대화의 아버지로 불리는 쭐라롱껀대왕(재위 1868~1910)이 서구열강에 태국인의 우수성을 알리기 위해 당시 초대 수로청장이었던 로프터스(Captain Loftus)에게 명하여 해시계를 만들도록 하고 이를 아유타야주의 방빠인에 있는 니웻탐쁘라왓 사원 앞의 광장에 설치하도록 하였다. 이것이 태국에서 만들어진 최초의 시계라 할 수 있다.

태국어에서 시각을 나타내는 말은 보면 자정과 새벽, 정오와 오후, 그리고 저녁을 기준으로 해서 하루를 다섯 시간대로 나눈다. 새벽 한 시부터는 다섯 시까지는 숫자 앞에 "띠(ตี, '때리다'라는 뜻)"를 붙여 말하고 아침 일곱 시부터 열한 시까지는 숫자 뒤에 "차우(เช้า, '아침'이라는 뜻)"를 붙여 말한다. 오후 한 시부터는 세 시까지는 숫자 앞에 "바이(บ่าย, '오후'라는 뜻)"를 붙여 말하고 오후 네 시부터 여섯 시까지는 숫자 뒤에 "옌(เย็น, '시원하다'라는 뜻)"을 붙여 말한다. 이때쯤 태국인들이 느끼기에 해가 기울어져가면서 좀 시원하게 느꼈던 모양이다. '시원한 네 시', '시원한 다섯 시', '시원한 여섯 시'하는 식으로 불렀던 것이다. 저녁 일곱 시부터는 숫자 앞에 "툼(ทุ่ม)"을 붙인다. 이렇게 하루를 다섯 구간으로 나누어 썼던 셈이다.

시각을 나타내는 단위는 "몽(โมง)"을 쓴다. 이는 종소리 의성어인 [몽]에서 온 말인데, 옛날에 시계가 흔하지 않던 시절 시각을 알리기 위해 커다란 종을 쳤던 것에서 기인해 단위를 나타내는 말이 된 것이다. 시각을 알리는 종은 해군의 수로청에 있는 표준시계에 맞추어 쳤다. 해군의 표준시계는 그리니치 표준시를 기준으로 태국 시각을 환산하여 아침 8시 30분부터 시작하여 30분마다 횟수를 하나씩 더해 쳤다. 즉, 8시 반에 한 번, 9시에 두 번, 9시 반에 세 번…… 이렇게 하여 낮 12시에 8번을 쳤다. 그리고 오후 12시 반에 다시 한 번부터 다시 시작하여 오후 4시에 8번을 쳤다. 이런 연유로 오늘날 태국에서 시각을 나타내는 단위로 몽을 사용하게 된 것이다.

대포소리가 들리지 않는 곳의 의미

종소리로 시각을 알리기 전에는 정오에 대포를 쏘아 시각을 알리던 시절이 있었다. 대포로 정오를 알리는 역할도 역시 해군에서 담당했다. 해군에서는 대포를 태양이 남중하는 시각을 따져서 쏘았는데 햇빛에서 생기는 그림자와 천문학적으로 별을 관측하여 정오를 쟀다. 햇빛의 그림자는 새벽사원(왓아룬, วัดอรุณ)의 불탑 그림자를 기준으로 했다고 한다. 정확히 정오가 되면 새벽사원에서 깃발을 올려 강 맞은편에 있던 해군 포대에게 이를 알렸고 해군에서는 즉각 포를 발사했던 것이다. 이때 사용한 포는 본래 전투함에 장착되어 있던 것을 차에 옮겨 달아 포신을 짜오프라야 강 쪽으로 향하게 하여 쏘았다. 포를 발사하기 2~3분 전에 해군에서는 남과 북으로 빨간 깃발 두 개를 달아서 짜오프라야 강을 항해하는 배들에게 운행을 중단시키고 정오 대포를 발사하는 시간이 임박했음을 알렸다. 포탄은 화약만 들어가 있는 공포탄이기는 하지만 그래도 안전에 만전을 기하기 위해서였다.

높이 솟은 새벽사원(왓아룬)의 불탑

정오에 새벽사원에서 깃발이 올라가면 해군에서 쏘는 대포 소리가 짜오프라야 강변을 울렸다. 이는 방콕 시민들에게 하루의 반이 지나 갔음을 알리고 점심 식사 시간이 되었음을 알리는 소리였지만 사원의 승려들에게는 점심공양을 마치는 소리이기도 했다. 태국의 불교에서 는 승려들은 하루에 아침과 점심, 두 번의 공양만을 한다. 정오 이후에 씹어서 먹는 음식을 섭취하지 못하도록 하는 계율이 있기 때문이다. 그래서 점심공양은 오전 11시 반부터 시작하여 정오에 끝낸다. 정오 를 알리는 대포소리는 방콕의 중심가 사람들에게만 들릴 뿐, 변두리 나 지방에 사는 사람들 귀에는 들리지 않는다. 그래서 "끌라이쁜티앙 (ไกลปืนเที่ยง, 정오의 대포소리에서 멀다)"이란 말은 정오의 대포소리가 들 리지 않는 낙후된 변두리나 지방에 산다는 뜻이다. 대포 소리로 정오 를 알리는 방식은 1932년 입헌혁명이 일어나고 통치제도가 절대군주 제에서 입헌군주제로 바뀌면서 없어졌다. 더 이상 대포소리를 통해 정 오를 알릴 필요성이 적어지고 예산 낭비라는 지적에 따른 것이다.

우리 나라도 종소리나 북소리를 통해 시각을 알렸다. 조선시대 한 양에서도 성안 사람들에게는 관아에서 울리는 종소리나 북소리를 통 해 시간을 알 수 있었다. 해가 진 뒤 성문을 닫을 시간이 되면 스물두 번의 종을 울려 성문 출입을 막았다. 그리고 다음 날 아침 일찍 서른세 번의 종소리가 울리면 성문이 열리고 사람들의 출입이 재개되었다. 당 시 나랏일을 돌보면 벼슬아치나 관리들도 매시마다 울리는 종소리나 북소리에 맞추어 일을 시작하고 끝냈다고 한다. 태국과 비슷하게 소리 를 통해 시각을 알려주었던 것은 당시 시계가 널리 보급되지 않아 다른 방법이 없었기 때문일 것이다. 요즘에는 시간을 알리는 종소리나 북소리가 사라졌다. 다만 학교나 사원 등에서 시작과 끝을 알리는 종소리가 남아 있지만 이마저 생활 소음이라는 이유로 점차 약화되거나 사라져갈 운명에 있다.

4
물소와 같이 어리석다?

··

태국사람들에게 "닭대가리"는 욕이 아니다

한번은 태국 현지에 주재원으로 나와 있던 한국인 모 부장이 태국인 부하 직원에게 크게 화가 난 일이 있었다. 단순한 업무였는데 태국 직원이 실수를 하는 바람에 회사에 큰 손실이 발생한 것이었다. 심지어 지나치게 낙천적인 성격 탓인지 태국인 직원은 자신의 잘못을 뉘우치기는커녕 별일 아닌 듯 생글거리는 표정을 지어 화를 더욱 돋구었다. 태국어를 구사할 줄 아는 모 부장은 화를 내며 태국 직원에게 "닭대가리 아니냐?"라고 태국어로 소리쳤다. 직원은 목소리와 분위기로 상사가 매우 화가 났다는 것은 알아차렸지만, 정작 상사의 말에는 갸우뚱할 뿐이었다. 왜 나의 머리를 닭의 머리에 비유할까, 의아했기 때문이다.

우리 말에서는 머리가 좋지 않은 사람을 주로 "닭"이나 "새"의 지능에 비유하는 경우가 많다. 그래서—물론 동물의 머리를 지칭하는 "대가리"라는 말이 주는 부정적 뉘앙스도 포함하여—"닭대가리"나 "새

대가리"라는 표현은 심한 욕이 된다. 반면 태국에서는 멍청한 사람을 "새"나 "닭"에 비유하지 않는다. 심지어, 태국인이 본명과 함께 가지고 있는 "츠렌(ชื่อเล่น, 별명)"을 보면 닭(ไก่)이나 새(นก)는 매우 흔한 이름 중 하나이다. 다른 가축이나 동물들처럼 닭과 새는 태국인들에게 매우 친숙한 동물 중 하나일 뿐인 것이다. 영어에서 닭이 겁쟁이를 의미하는 부정적인 표현인 것과도 다르다.

물소처럼 어리석다

태국에서 "어리석음"을 상징하는 대표적인 동물은 물소(ควาย)다. 우리에게는 생소한 동물일 수 있는 물소는 동남아시아 사람들에게는 매우 친숙한 동물이다. 특히 태국 농민들에게 물소는 경작을 돕는 매우 중요한 일꾼이다. 전해져 내려오는 이야기로 범천신인 브라흐마(พระพรหม)는 세상을 창조할 때에 인간에게 노동력을 제공하고 중요한 이동수단이 되도록 물소를 만들고, 유희를 제공하도록 원숭이를 만들고, 충실한 친구로 곁에 두도록 개를 만든 후에야 인간을 만들었다고 한다. 즉, 물소는 지치지 않는 튼튼한 체력으로 농경을 돕는 중요한 가축의 하나이다.

이렇게 중요한 동물이 "어리석음"을 상징하는 비하의 대상으로 전락한 이유는 아마도 우리가 소를 우둔한 동물로 인식하는 것과 비슷할 것이다. 늘 채찍질을 해야 움직이고 속도도 말처럼 빠르지 않은 데다가 돼지처럼 진흙에서 뒹구는 것을 좋아하고, 또 오랫동안 묵묵히

물소는 태국에서 농사에 가장 중요한 노동력을 제공해주기도 하지만 느리고 아둔함의 대명사이기도 하다

일을 하는 우직함 때문에 오히려 어리석음을 상징하게 된 것이다. 그래서 우리 말의 "소 귀에 경 읽기"라는 속담은 태국어에서는 "물소에게 호금 연주 들려주기(สีซอให้ควายฟัง)"로 표현된다. 아무리 가르치고 일러도 알아듣지 못하여 소용이 없다는 표현이 우리 말에는 소에게 경을 읽어 주는 행위에 비유되지만 태국에서는 물소에게 악기를 연주하는 행위에 비유되는 것이다.

속담에 나타난 태국과 우리의 동물 이미지, 공통점과 차이점

이렇게 속담을 들여다보면 언어 사용자의 생활 환경이나 문화를 엿볼 수 있는 흥미로운 부분이 있다. 동물이 사용된 속담도 그러한 일면을 반영하는 언어 현상이다. 언어 사용자가 자신이 살고 있는 생활 환경과 친숙한 동물에 비유하여 함축적 의미를 최대한 효과적으로 전달하려 하기 때문이다. 한국과 태국은 아시아 대륙에 위치해 있으나 지형이나 기후적으로 유사성만큼이나 차이점도 많이 가지고 있다. 한국이 온대 기후 지역에 속한 사계절이 뚜렷한 나라로 영토의 7할이 산지로 이루어져 있는 데 비해, 태국은 북부와 동북부 일부 고산 지대를 제외하고는 국토의 대부분이 저지대 평원 또는 습지가 많은 평야이며 일년 내내 고온다습한 열대성 기후 지역에 속해 있다. 이러한 환경적 영향으로 예부터 두 나라에 서식하고 있는 동물 종도 유사성과 차이점이 있고, 이러한 유사성과 차이점이 언어 사용에 투영되어 나타나는 것이다.

유사성의 예를 보자면 "소 잃고 외양간 고친다"는 표현처럼 한국어와 태국어(วัวหายล้อมคอก, 소가 사라지자 외양간에 울타리를 친다)가 똑같이 표현하는 경우도 있다. 물론 이는 중국 고사성어 "망우보뢰(亡牛補牢)"에서 유래한 것이라는 추측이 가능하다. 비슷한 표현으로 장소는 달라지긴 했지만 "우물 안 개구리"는 태국어로 "야자 속껍질 안 개구리(กบในกะลา)"로 표현된다. 중국 고사성어 "정중지와(井中之蛙)"의 변주로 유추할 수 있을 것이다.

그러나 많은 경우 비슷한 의미를 나타내는 표현이 두 언어에서 서로 상이하게 나타나는 것을 볼 수 있다. 차이점의 예를 보면 "두 마리 토끼를 잡는다"는 우리 말 속담은 태국어에서는 "두 손에 물고기를 잡는다(จับปลาสองมือ)"로 표현한다. 우리 말의 "돼지 목에 진주"는 태국어에서는 "구슬을 얻은 원숭이(ลิงได้แก้ว)"로 표현된다. "노루 피하니 범 나온다"는 "범 피하니 악어 만난다(หนีเสือปะจระเข้)"로, "뱁새가 황새를 좇아가다간 가랑이 찢어진다"는 "코끼리 따라 똥 싼다(ขี้ตามช้าง)"로, "공자 앞에서 문자 쓴다"는 "악어에게 헤엄 가르친다(สอนจระเข้ว่ายน้ำ)"로 각각 다르게 표현된다.

"개"보다 못한 "히아"

개는 인간에게 친근하고 충직한 가축이자 친구임에도 짐승이라는 이유로 매우 부정적인 내포 의미를 갖는 경우가 많다. 특히 인간을 개의 "새끼"에 비유하는 경우 매우 심한 모욕으로 받아들여지는 언어가 많다. 영어는 물론이고 한국어와 태국어에서도 마찬가지이다. 그런데 태국어에서는 개보다 더 심한 모욕으로 받아들여지는 동물 비유가 있다. 우리에게는 생소한 "히아(เหี้ย)"라는 동물이 그것이다.

"히아"는 물왕도마뱀(water monitor) 또는 말레이왕도마뱀이라는 이름으로 알려진 파충류의 일종으로 몸 길이는 최대 3미터, 체중은 10~30킬로그램까지 나간다. 주로 물이 가까운 곳에 굴을 파고 살며 동남아시아와 남아시아에 서식하고 있다. 다리 근육이 발달하여 이동 속도가 매우 빠르며 수영뿐 아니라 30분 이상 잠수하는 재주도 있다.

설명만 보면 "악어의 사촌 동생"뻘 정도 되어 보이는 이 "히아"가 특히 태국에서 더할 나위 없는 혐오의 대상이 된 배경은 아무래도 사진에서 보듯이 못난 생김새의 탓이 가장 클 것이다. 또 "히아"라는 이름의 어원이 팔리어의 "힌"에서 변용된 "히"에서 왔다고 한다. 그런데 이 "히"는 여성의 성기를 낮춰 부르는 매우 저속한 표현이므로 이름 탓도 조금은 있는 듯 하다. 뿐만 아니라 이 녀석의 식성도 한몫하는데 말 그대로 잡식성으로 작은 포유류, 새, 닭, 개구리, 물고기 심지어 동족인 도마뱀은 물론이고 음식물 쓰레기나 썩은 음식 등 닥치는 대로 먹는다. 번식력은 또 매우 뛰어나 주로 우기에 짝짓기를 하는데 보통 한 번에 15~20개의 알을 낳는다. 게다가 인간에게 이로운 구석이 없는, 한마디로 쓰잘데기 없는 이미지의 동물이라 여러모로 정 가는 구석이 없는 녀석이다.

이 "히아"를 사람에게 쓰면 우리 말의 "개자식"의 강도를 넘어서는 대단히 심한 욕이 된다. 최근에는 그 쓰임이 확대되어 사람을 지칭하여 욕으로 사용하는 것 외에도, 일반 형용사 등에 붙여서 부사로 "매

헤엄치는 "히아"의 모습

우", "극심한"과 같이 의미적 강도를 더하는 용도로 사용이 된다. 물론 비속어이며 주로 젊은이들이 많이 사용하여 문제가 되고 있다. 비슷한 말로 "쌋(สัตว์, 짐승)"이라는 단어도 쓰고 있지만 그 뉘앙스는 "히아"에 비할 바가 못 된다.

　이렇듯 동물의 이름 자체가 욕이 되어 버리다 보니, 실제로 그 동물을 지칭해야 하는 경우에 상당히 난감한 상황이 된다. 한번은 한 시사 프로그램에서 이 "히아"가 태국 정부청사 건물 앞에 다량의 알을 낳아, 이것이 당시 정권에 상서롭지 못한 징조라는 내용이 뉴스로 다뤄진 적이 있다. 그런데 앵커가 이 동물의 이름을 차마 언급할 수가 없어 주저하다가, 완곡어인 "뚜아응언뚜아텅(ตัวเงินตัวทอง, 금둥이은둥이)"이라고 부르는 것을 듣고 박장대소를 했다. 안 좋은 단어를 피하기 위해서 완곡어를 쓴다지만, 가장 혐오하는 대상에게 사랑스럽기까지 한 "금둥이은둥이"라는 이름을 부여한 태국인의 참신한 발상이 귀엽기도 하고, 한편으로는 호부호형하지 못한 홍길동처럼 "히아를 히아라 부르지 못하는" 태국인 앵커의 안절부절 못하는 모습이 우습기도 했다. 동물에 대한 인식의 차이를 보여주는 매우 흥미로운 경험이었다.

5
태국인과 코끼리

∙∙∙

태국의 상징, 코끼리

태국에는 예로부터 코끼리가 많이 서식하고 있었다. 1850년도 집계를 보면 태국 전역에 약 십만 마리의 코끼리가 있었다고 한다. 그러나 현재 개체수가 급감하여 사람이 사육하는 집코끼리의 개체 수는 약 2,700마리 가량으로 집계된다. 야생 코끼리는 정확한 집계는 어려우나 전문가들에 따르면 대략 2~3,000여 마리가 남아 있는 것으로 추산된다.

그러나 코끼리가 태국을 대표하는 상징이 된 것은 비단 개체수가 많기 때문만은 아니다. 지금의 태국국기인 "통뜨라이롱(ธงไตรรงค์, 삼색기)"이 공식 국기로 사용되기 전인 1917년까지 태국국기는 붉은 바탕에 흰코끼리가 있는 모양이었다. 태국에서는 전통적으로 국왕을 비슈누 신의 또 다른 화신인 "라마"라고 믿는다. 그런데 브라만교 신화에서 비슈누 신의 화신인 인드라 신은 머리가 여러 개 달린 흰코끼리 에

현재 국기인 삼색기가 사용되기 전 국기인 백상기

라완을 타고 다니기 때문에, 코끼리를 국왕을 보좌하는 동물이라고 여기는 것이다. 또한 태국인들은 태국 지형이 코끼리 머리를 닮았다고 말하기도 한다.

왕의 전쟁에 함께한 용사

역사적으로 볼 때 태국에서 코끼리는 단순한 가축이나 동물에 그치지 않고 전쟁 영웅으로 여겨져 추앙받기도 했다. 코끼리는 태국의 밀림 속에서 거침없이 앞으로 달릴 수 있는 유일한 동물이다. 코끼리가 이동하는 속도는 보통 한 시간에 4~6킬로미터로 사람이 빨리 걷는 것과 비슷한 속도이지만 위험을 느끼거나 적을 공격할 때에는 한 시간에 40킬로미터의 속도로 달릴 수 있다. 수컷의 상아는 보통 1미터가 넘는데 주로 먹이를 파내거나 적과 싸울 때 사용한다. 또 1톤 정도의 물체를 거뜬히 들어올리고 운반할 수 있다. 그래서 전쟁시에 가장 유용한 운송수단이자 무기였다.

실제로 태국 역사에는 왕이 코끼리를 타고 전쟁을 수행한 기록이 많다. 왕은 코끼리의 목 위에 앉고 등에는 왕과 손발이 잘 맞는 군인이 타고 여러 가지 무기를 들고 있다가 상황에 따라 왕이 요구하는 무기를 골라 주는 임무를 한다. 코끼리 엉덩이 부분에 탄 군인이 코끼리를 모는 역할을 하며 코끼리의 네 발 근처에는 코끼리를 보호하기 위해 용감한 병사가 호위했다.

사료에도 코끼리를 타고 전투에 나선 왕의 기록이 남아 있다. 태국

영화 "나레쑤안" 포스터

문자를 만든 쑤코타이 시대 람캄행 대왕의 비문을 보면, 적국의 쿤삼촌(ขุนสามชน)이라는 왕을 물리쳤다는 기록이 있다. 또 아유타야 시대 프라마하짝끄라팟(พระมหาจักรพรรดิ)왕은 이웃나라 버마가 아유타야에 있는 흰코끼리를 바칠 것을 요구하자 이를 거절하고 버마와 전쟁을 하였다는 기록이 있다. 당시 두 나라의 왕이 코끼리를 타고 대결을 벌일 때 태국의 왕비였던 쑤리요타이(สุริโยไท)는 남장을 하고 코끼리에 올라 남편을 돕기 위해 중앙으로 용감하게 돌진하였다. 그러나 쑤리요타이 왕비는 버마 왕 칼에 맞아 쓰러졌는데, 뒤늦게 자신이 아녀자를 벤 것을 알게 된 버마 왕은 수치심에 결국 군사를 거두어 돌아갔다고 한다.

또한 아유타야 시대 나레쑤안(นเรศวร)왕이 코끼리를 타고 버마의 왕세자를 물리쳐 이긴 일화는 매우 유명한 영웅담으로 회자되고 있다. 특히 당시 나레쑤안 대왕이 탄 코끼리와 버마 왕세자가 탄 코끼리가 기상전(윳타핫티, ยุทธหัตถี)에서 정면으로 겨룬 모습은 영화뿐 아니라 회화와 조소 등 많은 예술 작품으로 재탄생되고 있다. 전투에서 이긴 코끼리에게 나레쑤안 대왕이 최고의 작위인 짜오프라야(เจ้าพระยา) 작위를 하사하여 "짜오프라야쁘랍홍싸와디(เจ้าพระยาปราบหงสาวดี, 홍싸와디를 정벌한 군신)"라 명명하고 극진히 돌봐주도록 하였다고 전해진다.

신성한 동물로 추앙받는 백상(白象)

코끼리 중에서도 특히 백상이라 불리는 흰코끼리(창프악, ช้างเผือก)는 태국의 역사와 문화에서 대단히 중요하다. 흰색에 가까운 피부색, 눈동자, 그리고 발톱을 가진 백상은 일반적인 코끼리와는 다른 모습을 지닌 코끼리로서 매우 희귀하기 때문에 그 주인에게 행운을 가져다 주는 동물로 여겨져 왕을 보좌하는 신성한 상징물이 되었다. 이러한 믿음은 태국뿐만 아니라 이웃나라 미얀마, 라오스, 캄보디아에도 있었다. 그래서 왕의 재위 기간에 흰코끼리를 몇 마리 갖고 있는가가 왕의 힘과 권위를 말해주는 척도가 되었고 더불어 왕국의 평화와 번영을 상징하는 것이 되었다. 또한 흰코끼리가 나타나면 군주가 덕이 있다는 믿음도 있었다. 이러한 전통은 지혜와 순수의 상징인 연꽃과 더불어, 부처의 탄생신화에서 그의 어머니의 태몽에 나타났다는 데에서 기인한다.

영광, 용기, 관용을 상징하는 코끼리는 장수와 신뢰의 동물로 간주된다. 현재 태국에서 흰코끼리, 즉 창프악은 지방에 살고 있는 재능이 있는 인재들을 방콕의 유명 대학에 장학생으로 입학할 수 있도록 하는 입시 제도 중 하나를 가리키는 말로 쓰이기도 한다. 나아가 모습을 드러내지 않은 숨은 인재를 지칭하는 말로도 쓰인다. 한편, 영어권에서 흰코끼리는 부정적인 의미를 내포하는데, 구하기 어렵지만 원치 않는 것을 가리키는 말이다. 이는 과거 국호를 싸얌으로 사용하던 시절 태국의 왕이, 적이나 마음에 들지 않는 상대국에 흰코끼리를 보내 그 코끼리를 돌보기 위한 비싼 유지비를 감당하도록 하여 곤란에 처하게 만드는 전략에서 유래되었다고 한다.

관광 상품으로 전락해 버린 태국 코끼리

전쟁뿐 아니라 태국에서 코끼리는 밀림지대의 벌목이나 교통수단 등
다양하게 이용되었다. 태국 코끼리들은 온순하고 영리해서 쉽게 조련
할 수 있었기 때문이다. 하지만 지금 사람들이 "태국 코끼리"에서 가
장 먼저 떠올리는 모습은 관광객들을 등에 태우고 산길을 오르내리며
트레킹하는 코끼리나, 농장에서 코로 그림을 그리거나 축구를 하는
등 묘기를 부리는 코끼리의 모습일 것이다. 사람들을 눕혀 놓고 그 위
로 아슬아슬 발을 디디며 지나가는 코끼리의 모습에는 사실 고된 훈
련과 스트레스로 인한 그늘이 더 짙은 것을 많은 관광객들은 보지 못
한다.

최근 코끼리를 보호한다는 명목으로 가두어놓고 훈련을 시키면서
학대를 하는 행위가 공론화되기 시작했다. 특히 아기 코끼리 한 마리
에 7만 바트(한화 200만 원)를 호가하는 금액에 거래가 되기 때문에, 야
생 코끼리를 무작위로 포획하는 사건이 많다. 수년 전만 해도 방콕에
선 관광객들에게 코끼리를 이른바 "앵벌이"에 이용하여 먹이를 반강매
하는 장면을 한 번쯤 본 적이 있을 것이다. 이 경우 학대도 문제지만, 도
로에서 이리저리 끌려다니다가 교통사고로 코끼리가 목숨을 잃는 경
우도 많다. 평생 인간을 위해서 노동을 하다가 나이가 들거나 건강이
나빠져 더 이상 일을 하지 못하는 코끼리는 주인이 먹이 값이나 치료비
를 감당하지 못하여 그대로 방치되거나 버려지는 경우도 적지 않다.

트레킹 대기 중인 코끼리. 힘든 노동을 견디며 평생 인간에게 이용당하다가 버려지는 경우가 많다

코끼리 보호 움직임과 코끼리 양로원

2013년 초에 필자는 다큐멘터리 촬영 차 코끼리 양로원인 "반처창차라(บ้าน ช.ช้างชรา)"를 방문했다. 동물원이나 농장에서 쇼를 하는 코끼리 외에는 가까이서 코끼리를 접할 기회가 없어서 설렘과 함께 약간의 두려움이 들었다. 코끼리 양로원은 한 수의사가 지인이 기증한 땅 위에 사재를 털어서 만들었다고 한다. 규모는 그다지 크지 않아 주로 자원봉사자들의 도움으로 운영되고 있었다. 봉사자들 중에는 하루 동안 코끼리와 함께하는 삶을 경험해보려 방문하는 단기 봉사자들도 있었지만, 그곳에서 오랫동안 거주하며 노년의 코끼리들과 교감하며 지내는 장기 봉사자들도 적지 않았다. 처음의 두려움은 코끼리들을 만나면서 눈 녹듯 사라졌다. 어찌나 애교가 넘치는지 마치 교생 선생님을 맞는 어린 학생들처럼 들떠서 환영해주었다.

일흔이 넘은 한 코끼리는 시력을 완전히 잃은 상태였고, 예순을 넘긴 또 다른 코끼리는 욕창으로 둔부가 헐어 고름이 계속 흐르고 있었다. 귀가 찢어지거나 다리를 저는 코끼리가 태반으로 온전한 코끼리를 찾는 게 더 힘들었다. 부모를 잃고 후원자들의 기금으로 입양되어 온 아기 코끼리는 양로원에서 재롱을 담당하고 있었다. 말이 통하지 않는 코끼리들이었지만 그 모습에서 행복하다는 것을 느낄 수 있었다.

코끼리들은 그곳에서 밥을 먹고, 원할 때마다 강물에 몸을 담그고 서로 진흙을 뿌리며 "코끼리다운 삶"을 살고 있었다. 더 신기한 것은 코끼리들을 만날 때마다 나쁜 인상을 주었던 분뇨의 악취가 없다는 점이었다. 코끼리는 스트레스를 받을수록 변의 악취가 심해진다고 한

코끼리 양로원에서 만난 코끼리들의 모습

코끼리 양로원에서 코끼리들과 함께 목욕을 하는 자원봉사자들

다. 함께 강물에 몸을 담그고 물장구를 치며 코끼리와 교감했던 시간은 인간으로서 자연과 공존하는 방법에 대해서 진지하게 고민하고 겸손을 배우는 귀중한 경험이 되었다.

코끼리의 수명은 60~70년 정도로 인간과 비슷하며 또한 임신 기간이 21~22개월로 매우 길기 때문에 새끼에 대한 애착이 강하다. 태국에서 코끼리 조련사를 "콴창(ควาญช้าง)"이라고 부른다. 보통 코끼리는 아기 때부터 한 사람의 전담 콴창과 교감하며 함께 생애주기를 공유하며 성장한다. 태국인들이 가장 좋아하고 정신적으로 친밀하게 느끼는 코끼리가 도리어 태국인의 이기심으로 멸종 위기에 처하게 된 것은 아이러니하고 슬픈 현실이다. 최근 이러한 문제에 관심을 갖는 태국인들이 증가하고 태국정부를 비롯하여 많은 NGO와 동물보호기구들이 코끼리 보호에 힘을 쓰기 시작했다는 사실은 참으로 다행스럽고도 당연한 일이다.

6
복장에 대한 태국인의 의식

· ·

반바지는 출입금지! 태국 사원의 복장 단속

태국 문화를 잘 모르는 외국인 관광객 중에는 태국의 사원을 갈 때에 반바지에 민소매 티셔츠를 입고 슬리퍼를 신고 가는 사람도 있을 것이다. 일년 내내 푹푹 찌는 열대성 기후이기 때문에 복장에 대해서는 너그러울 것이라는 선입견을 갖기 쉽다. 그러나 그러한 복장으로는 태국 사원에 발을 들일 수 없다. 많은 사원에서 복장 단속을 하기 때문이다.

예를 갖추지 않은 사람은 사원에 들어갈 수 없다. 민소매나 배꼽티, 속이 다 비치는 얇은 천, 반바지는 입장이 금지된다. 남성은 긴바지를, 여성은 치마를 입는 것이 기본이나 여성의 경우 치마가 너무 짧으면 역시 제재 받을 수 있다. 이러한 사전 정보를 모른 채 사원을 찾았다가 사원에서 임시로 빌려주는 긴 치마를 입고 조금은 우스꽝스러운 차림새로 입장하는 사람들도 종종 있다. 사원뿐 아니라 고궁이나 왕의 별장 등 유명한 관광지의 경우 대부분 이렇게 복장 단속을 한다.

복장을 중시하는 태국인

더운 나라임에도 불구하고 태국인들은 복장을 중요시하는 경향이 있다. 우리 말에 "옷이 날개다"라는 표현이 있는데, 태국말에도 이에 해당하는 "닭은 깃털로 인해 아름답고 사람은 치장으로 인해 아름답다 (ไก่งามเพราะขน คนงามเพราะแต่ง)"라는 표현이 있다. 물론 예로부터 태국인들은 비단옷과 아름다운 장신구로 화려하게 장식하는 것을 좋아했다. 그러나 태국인들이 화려함과 아름다움보다 더 중요하게 여기는 것은 때와 장소에 적절한 예의를 갖춘 복장이다.

얼핏 생각하면 일년 내내 더운 나라에서 복장을 중요하게 생각하는 것은 어폐가 있어 보이기도 한다. 날이 더우니 다들 최소한의 옷을 입고 살 텐데 왜 복장을 중시할까? 그러나 오히려 역설적으로 그러한 환경적 영향이 복장의 가치를 만들어주는 부분도 있다. 도시국가가 형성되고 계층이 생기면서 지배계급과 피지배계급 간의 복장의 차이가 생겨나기 시작했다. 즉, 높은 계층일수록 땀을 흘릴 일이 없으니 옷이 두꺼워지고, 장식이 화려해지는 반면, 늘 바쁘게 일을 해야 하는 평민이나 천민은 장식을 최소화한 단순하고 살이 많이 드러나 보이는 옷을 입게 되었다. 이렇게 복장의 차이가 계층이나 계급의 차이를 상징하게 되므로 오히려 복장에 더 중요성과 가치를 두게 되었던 것이다. 실제로 역사적 고증자료를 살펴보거나 쉽게는 역사극 드라마만 보더라도, 전근대시대의 계층간 복식의 차이가 매우 확연하게 다른 것을 볼 수 있다.

근대화 시대 의복 문화 개혁

태국인들은 유럽 열강과 일본의 무차별적인 침략과 식민지 사냥 속에서도 동남아시아에서 유일하게 독립을 유지한 나라라는 타이틀에 큰 자부심을 가지고 있다. 그러한 영광의 타이틀을 얻을 수 있었던 데에는 여러 가지 복합적인 요인이 있는데 내부적 요인으로는 태국인들의 발 빠른 근대화 정책과 유연성 덕분이었다.

1938년부터 집권한 피분쏭크람 수상은 국가의 자립을 유지하는 방편으로 민족주의를 고취하기 위하여 "랏타니욤(รัฐนิยม, 국가주의)"를 제창하며 나라의 근대화를 위한 다양한 정책을 펼쳤다. 이 중 1941년 제10차 랏타니욤 정책의 내용은 의생활에 관한 내용이 주를 이루었는데, 즉 유럽식 의복 문화를 적극 받아들여 새로운 복식을 국민들에게 권장하는 내용이었다. 예컨대, 기존에 입던 통으로 된 천을 말아서 만든 바지를 입지 못하게 하고 긴 바지나 긴 치마를 입도록 했다. 또 상의는 어깨나 상체를 드러내지 않도록 하였으며 특히 여성들에게 모자의 착용을 권장하였다. 또한 때와 장소와 직업군에 걸맞는 적합한 옷차림을 하도록 정하였다.

왕실에서 권장하는 표준 의상

이어 50년대에 현 왕비인 씨리낏 왕비가 유럽과 미국을 순방하면서 착용할 만한, 태국을 대표하는 아름다운 전통 의상이 마땅히 없어 고민하던 끝에 시간과 장소 그리고 상황에 알맞게 입을 수 있는 아름다운

왕실에서 정한 여성 표준 전통 의상

(출처: http://www.qsds.go.th/qssc_lei/inside_page.php?pageid=36)

태국 남성 표준 의상(출처: http://www.m-culture.go.th)

전통 의상을 여덟 가지를 디자인하여 큰 호응을 얻었다.

남성의 표준 의상은 여성의 것보다 훨씬 더 간소화된 것을 볼 수 있다. 일반적으로 우리가 알고 있는 전통적인 태국 의상은 왕실에서 정한 것이다. 그래서 이 표준 의상을 "츳프라랏차탄(ชุดพระราชทาน, 왕실 하사복)"이라고 하는데 이를 통해 왕실의 권위와 이에 대한 태국인들의 선망과 존경을 짐작할 수 있다. 남성 표준 의상은 얼핏 보면 중국의 인민복과 유사한 형태를 띠고 있다. 평소에는 평상복이나 근무복으로 착용하고 공식 행사나 예의를 갖추어야 할 자리에서는 예복으로 착용할 수 있다. 목 부분이 로만 칼라와 유사한 형태를 하고 있어 넥타이를 매지 않아도 된다. 이 복장은 오늘날까지 결혼식이나 공식 행사 등에서 널리 애용되고 있다.

대학생도 교복을 입는 태국

태국에서는 대학생들도 교복을 입는다. 사실 대학생들이 교복을 입는 것은 태국 뿐 아니라 라오스, 미얀마, 캄보디아, 베트남 등 인도차이나 여러 나라들의 공통점인데, 물론 나라마다 교복의 형태는 다르다. 베트남이나 라오스, 미얀마는 전통의상을 개량한 형태의 교복을 입는 반면 태국의 교복은 단정한 표준 복장 같은 느낌이다. 우리 나라 중고등학교 교복처럼 학교마다 다른 디자인이 정해진 것이 아니라, 남학생은 흰 긴팔 셔츠에 검은색이나 감색 긴 바지를, 여학생은 흰색 반팔 셔츠에 검은색이나 감색 치마를 입는다. 여기에 각 학교의 로고가 새겨

교복을 입은 태국 대학생들의 모습

진 단추나 브로치, 허리띠 버클 등으로 장식을 한다. 기성세대의 입장에서 교복을 입은 대학생들을 보면 자유로운 복장을 한 우리 나라 대학생들 보다는 아무래도 조금은 순수해 보이고 학생다워 보이는 것이 사실이다.

그러나 복장 제한은 역시 당사자인 학생들에게는 규제나 억압처럼 느껴지는 점은 어쩔 수 없는 모양이다. 일부 여학생들은 치마 길이를 아주 짧게 줄이거나 치마와 셔츠를 매우 타이트하게 입기도 한다. 남학생들도 바지 통을 줄여 '스키니' 바지처럼 수선해 입기도 한다. 이러한 부분이 문제로 인식되어 일부 학교에서는 대학생들을 대상으로 "복장 단속"을 하는 사태까지 있었다.

대학원의 경우 교복을 입지는 않지만 수업에 들어갈 때는 최대한 단정한 복장을 해야 한다. 시험이나 세미나 등 중요한 행사가 있는 날에는 남성은 긴 바지를 입고 여성은 치마를 입는 것이 관례화되어 있다. 일부 나이가 많은 교수들은 치마를 입지 않은 여학생들을 복장을 문제 삼아 시험장에서 퇴실 조치하는 경우도 있다. 이렇듯 복장을 중요시하는 태국인들의 의식을 이해하지 못하는 경우 본의 아니게 결례를 하거나 오해를 받을 수 있으므로 주의해야 한다.

7
물과 함께 살아가는 사람들

물에서는 게으르고 물에서는 부지런한 사람들

사람은 물 없이는 살 수 없다. 그래서 인류문명은 모두 큰 강을 끼고 시작했다. 물은 우리에게 먹는 식수로써 뿐만 아니라 농사를 짓고 채소를 가꾸어 먹고 살 수 있게 해준다. 또한 몸을 씻고 옷을 세탁하는 데에도 꼭 필요하다. 또 물은 운송수단이기도 하고 전쟁에서는 방어수단이 되기도 한다. 날씨가 더워지면 그만큼 물을 많이 써서 더위를 피할 수도 있다.

태국은 열대몬순기후로 날씨가 덥다. 연평균 기온이 섭씨 28도에 달한다. 태국사람들은 물을 유용하게 사용하기 위하여 강을 끼고 도시와 촌락을 건설하였다. 필요한 경우에는 운하와 수로를 파서 농사를 짓고 사람과 물건을 운송하는 데 용이하도록 했다. 그래서 어떤 사람들은 태국 문화를 "물의 문화"라고 부르기도 한다. 강을 태국어로 "매 남(แม่น้ำ)"이라고 하는데 "매"는 '어머니'라는 뜻이고 "남"은 '물'이라

암파와 수상마을의 평화로운 아침 모습

담넌싸두악 수상시장의 상인들. 배 위에서 음식을 해서 팔기도 한다

는 뜻이다. 그래서 강은 곧 물의 어머니인 셈이다.

태국인들은 아주 오랜 옛날부터 물과 함께 살아왔다. 18세기 경 서양인들의 기록에 보면 물과 더불어 살아가는 태국인들의 풍요로운 생활상을 다음과 같이 기술하고 있다.

자연은 이 지역 사람들에게 별로 일을 하지 않아도 되는 삶의 편안함을 제공해주었다. 단지 땅을 갈고 씨만 뿌리면 되었다. 우기가 되면 물이 흘러 내려와 작물을 키워주었다. 기후도 온화하여 벼도 빨리 자랐다. 이런 기후 조건이 되레 사람을 게으르게 만들었다.

여기서 이야기하는 태국인들의 '게으름'은 좀 더 정확히 이해할 필요가 있다. 그 당시 프랑스 선교사의 또 다른 기록에는 다음과 같은 귀절이 나온다.

이 (타이) 사람들은 선한 사람들로 나무랄 데가 없다. 단지 일을 하지 않고 그저 빈둥거리고 있는 것 말고는 말이다. 그런데 배를 가지고 나가야 할 때만 되면 힘이 솟구쳐 올라 어떤 때에는 며칠을 쉬지 않고 노를 젓는다.

앞에서 이야기한 두 서양인의 기록을 보면 태국인들의 삶은 뭍에서의 생활은 나태해 보이지만 물에서의 생활은 정반대의 모습을 보여주고 있다. 당시 다른 여러 기록을 보면 태국인들은 열 살만 되면 노를 저을 줄 알고 강에는 수십 척의 배가 오가면서 혼잡한데도 배가 부딪히는 사고가 없었다고 한다. 이를 '기적과 같은 일'이라고 묘사하고 있다. 간혹 배가 뒤집어지는 일이 발생해도 물에 빠져 죽는 사람이 없이 다시 배를 똑바로 뒤집어 노를 저어가는 모습이 '서커스'를 하는 것 같았다고 한다.

물과 함께 살아가는 태국인들의 삶의 모습은 아직도 크게 바뀌지 않았다. 태국인들의 이러한 삶의 모습은 여행을 하다 보면 도처에서 쉽게 발견할 수 있다. 수도인 방콕에서 큰 배를 타고 짜오프라강을 오르내리며 식사도 하고 좌우 경관도 돌아보는 크루즈 여행을 해보면 강가에 늘어선 수상가옥을 통해 물과 함께 살아가는 태국인의 생활상을 볼 수 있다. 또 암파와(อัมพวา)나 담넌싸두악(ดำเนินสะดวก)이라고 하는 곳에 가면 물 위에서 배를 타고 물건을 사고 파는 수상시장을 체험할 수 있다.

물과 더불어 치러지는 다양한 축제들

태국사람들은 물과 더불어 살면서 좋지 않은 것이나 불행한 것들을 물로 씻어 없애거나 떠내려 보낼 수 있다는 '정화'의 믿음이 생겨났다. 4월 13일은 태국의 전통 설날인 "쏭끄란(สงกรานต์)"이다. 이날을 전후하여 서로 물을 뿌리는 물축제가 있다. 쏭끄란 아침이 되면 태국인들은 조상에게 경배하고 집안의 어른들께 인사를 드린다. 집안의 어르신들은 아랫사람들에게 행운과 발전을 기원하는 덕담을 하면서 아랫사람의 합장한 손에 물을 뿌려준다. 오후에 불상에 대한 축수식을 하고 이것이 끝나면 모든 사람들이 거리로 나와 남녀노소를 불문하고 서로 물을 뿌리며 축제를 벌인다. 이런 쏭끄란의 전통은 오늘날 주요 관광 코스가 되어 많은 외국인들이 물축제를 즐기기 위해 쏭끄란에 태국을 찾는다.

태국사람들이 가장 좋아하는 또 하나의 축제는 "러이끄라통 (ลอยกระทง)"이다. 러이끄라통은 태국식 음력으로 12월 보름으로 양력 으로는 보통 11월이다. 우기가 끝나고 11월로 들어서면 더위도 지나가 고 전국적으로 강이나 운하의 수위가 가장 높아진다. 이 시기에 러이 끄라통 축제가 열리게 되는데 "러이(ลอย)"라는 말은 '띄우다'라는 뜻 이고, "끄라통(กระทง)"은 바나나무 잎새로 만든 연꽃 모양의 조그만 배를 의미한다. 보통 이 작은 배 안에 초, 3개의 향, 꽃, 그리고 동전 등 을 넣어 강이나 운하에 흘러가도록 띄워 보낸다. 이 "러이끄라통" 행위 에는 그 동안 지은 죄와 불운을 물에 띄어 흘려보내며 한 해를 정리하 고 다가오는 해에 축복을 기원하는 의미가 있다. 러이끄라통 축제는 태국 전역에서 열린다.

또 하나의 볼거리로 "낭높파맛(นางนพมาศ) 미인대회"가 열리는데, 낭높파맛은 쑤코타이의 전설에 나오는 여인의 이름을 딴 것이다. 전설 에 따르면 이 여인은 쑤코타이 시대 리타이(ลิไทย)왕의 후궁으로 현명 하고 아름다워 왕의 총애를 받은 인물이며, 작은 배를 예쁘게 치장하 여 강에 띄워 보낸 최초의 인물이라고 전해진다.

러이끄라통날 밤, 끄라통을 강물에 띄우는 사람들의 모습

깊은 물은 조용히 흐른다

태국인은 오랜 역사를 두고 물과 가까이 살아왔다. 그래서 태국어에는 물과 관련된 표현들이 발달하였다. "물이 차오르면 물고기가 개미를 먹고 물이 빠져나가면 개미가 물고기를 먹는다"는 속담이 있다. 강물의 수위는 일정한 것이 아니라 때로는 올라가기도 하고 내려가기도 한다. 건기에 비가 오지 않아 수위가 내려가고 우기에는 비가 많이 오니까 수위가 올라간다. 그리고 큰 강의 하류에는 하루 사이에도 조류에 따라 수위가 올라가고 내려가기도 한다.

그런데 강가에는 물이 올라가고 내려가면서 운명이 뒤바뀌는 동물이 두 가지 있다. 바로 육지에 사는 개미와 물에 사는 물고기이다. 물이 차 오를 때에 미처 대피하지 못한 개미는 물고기의 먹이가 된다. 반대로 물이 빠져나가면서 수위가 낮아질 때 미처 빠져나가지 못하는 물고기가 있는데 이때는 반대로 물고기가 개미의 먹이가 되어버린다. 한국어의 "양지가 음지 되고 음지가 양지 된다"는 속담에 대응되는 말이다. 이렇듯 운명이 뒤바뀌는 것은 동물의 세계에서 빈번하게 일어나는 현상이다. 사람도 살다 보면 유리하고 불리한 것이 반대로 뒤바뀌는 경우가 많다. 태국인은 이러한 생활주변에서 일어나는 생태계 현상에서 삶의 지혜를 배웠던 것이다.

이 밖에도 태국어에서 "조용한 물은 깊이 흐른다"라는 표현이 있는데 이는 '말이 없이 속내를 드러내지 않는 사람은 딴 생각을 품는다'는 뜻이다. "노는 젓지 않고 오히려 발을 내밀어 물에 담근다"는 말은 어떤 일을 도와 주지 않을 망정 오히려 방해한다'는 뜻이고, "물이 올라

© 이지원

물과 함께 삶을 살아가는 태국사람들

왔을 때 서둘러 떠라"라는 말은 '기회를 놓치지 말라'는 뜻이다. 사람은 물속에 몸을 담그고 있으면 마음이 편안해진다고 한다. 오늘날 태국인들의 느긋한 삶과 여유로운 미소는 어떻게 보면 물과 함께 살아왔기 때문 아닌가 하는 생각이 든다.

박경은 한국외국어대학교 태국어과를 졸업하고 태국 국립 탐마쌋대학교에서 박사학위를 받았다. 현재 한국외국어대학교 태국어과 교수로 재직하고 있다. 『FLEX 태국어』(공저), 『세계의 몸짓, 몸짓의 세계』(공저), 『한태동사 구문학습 바이블』(공저), 『태국어 첫걸음』 등의 저서를 집필하였다.

정환승 한국외국어대학교 태국어과를 졸업하고 한국외국어대학교 대학원에서 박사학위를 받았다. 현재 한국외국어대학교 태국어통번역학과 교수로 재직하고 있다. 『태국인을 위한 한국어 입문』, 『현대 태국어 문법론』, 『한국어 태국어 어휘 학습 바이블』, 『FLEX 태국어』(공저), 『한국인을 위한 태국어 문형사전』(공저), 『한태동사 구문학습 바이블』(공저) 등의 저서를 집필하였다.

태국 다이어리, 여유와 미소를 적다

1판 1쇄 펴냄 2016년 10월 31일
1판 2쇄 펴냄 2019년 2월 14일

지은이 박경은 · 정환승
펴낸이 정성원 · 심민규
펴낸곳 도서출판 눌민

출판등록 2013. 2. 28 제25100 - 2017 - 000028호
주소 서울시 마포구 월드컵로10길 37, 서진빌딩 401호 (04003)
전화 (02) 332 - 2486   **팩스** (02) 332 - 2487
이메일 nulminbooks@gmail.com

Text & Photos ⓒ 박경은 · 정환승 2016
Photos ⓒ 이지원 2016

Printed in Seoul, Korea

ISBN 979 - 11 - 87750 - 00 - 0 03910